№ 13300.

SOUSCRIPTION

POUR

UNE MEDAILLE EN L'HONNEUR

DE MALHERBE.

A M. Van-Pract
souscripteur, à Paris.

Enfin MALHERBE vint, et le premier en France,
Fit sentir dans les vers une juste cadence ;
D'un mot mis en sa place enseigna le pouvoir,
Et réduisit la muse aux règles du devoir.
Par ce sage écrivain la langue réparée
N'offrit plus rien de rude à l'oreille épurée.
Les stances avec grace apprirent à tomber,
Et le vers sur le vers n'osa plus enjamber.
Tout reconnut ses lois ; et ce guide fidèle
Aux auteurs de ce temps sert encore de modèle.
Marchez donc sur ses pas ; aimez sa pureté,
Et de son tour heureux imitez la clarté.

BOILEAU : Art poétique.

MALHERBE d'un héros peut vanter les exploits.
(Idem.)

SOUSCRIPTION

POUR UNE MÉDAILLE EN L'HONNEUR DE MALHERBE,

Proposée par M. Pierre-Aimé Lair,

Membre de l'Académie des Sciences, Arts et Belles-Lettres de Caen.

Depuis long-temps on désirait qu'il fût élevé un monument à la mémoire de Malherbe. On avait particulièrement manifesté ce désir dans la ville de Caen, qui se glorifie d'avoir donné naissance à ce grand poëte. Mais la difficulté et presque l'impossibilité de trouver en ce moment les fonds nécessaires pour réaliser ce projet, nous a fait concevoir l'idée d'un hommage simple et peut-être plus durable que les monumens d'architecture. Nous avons résolu de faire frapper une Médaille en l'honneur de notre illustre compatriote. Une Médaille a l'avantage de circuler et de se répandre au loin avec facilité et sans éprouver d'altération; elle survit aux révolutions de tout genre. L'exécution de celle que nous proposons a été confiée à M. Gattaux fils, ancien pensionnaire de France à l'Ecole de Rome, graveur déjà connu par d'autres ouvrages qui réunissent le mérite du travail à l'intérêt du sujet. D'un côté sera représenté le buste de Malherbe, autour duquel on lira cette inscription: *à Malherbe, né à Caen, en 1555*; et au bas, *la ville de Caen, 1815*. Sur le revers seront tracés une couronne de laurier et une lyre, avec l'hémistiche fameux: *Enfin, Malherbe vint*. Le prix de la Médaille en bronze est fixé à 5 fr. Puissent nos concitoyens et tous les amis des lettres seconder un projet qui tend à honorer le premier de nos poëtes lyriques, et à rendre un juste hommage au père de la poésie française.

A Caen, ce 25 février 1815.

La médaille se trouve chez M. Blot

SOUSCRIPTION

POUR UNE MÉDAILLE EN L'HONNEUR DE MALHERBE,

Proposée par M. PIERRE-AIMÉ LAIR,

Conseiller de Préfecture du Département du Calvados, et Membre de l'Académie des Sciences, Arts et Belles-Lettres de Caen.

Depuis long-temps on désirait qu'il fût élevé un monument à la mémoire de Malherbe, le père de la langue et de la poésie françaises. On avait particulièrement manifesté ce désir dans la ville de Caen, qui se glorifie de lui avoir donné naissance. Mais la difficulté d'exécuter un projet, qui nécessiterait en ce moment de trop grands sacrifices, nous a suggéré l'idée d'un hommage simple et peut-être plus durable que tous les monumens d'architecture. Nous avons fait frapper une médaille en l'honneur de notre illustre compatriote. Une médaille a l'avantage de circuler et de se répandre au loin avec facilité sans éprouver d'altération. Elle se multiplie presque à volonté ; elle survit même aux révolutions de tout genre. Celle que nous proposons a été exécutée par M. Edouard Gatteaux, ancien pensionnaire de France à l'école de Rome, graveur déjà connu par plusieurs ouvrages qui réunissent le mérite du travail à l'intérêt du sujet. D'un côté est représenté le buste de Malherbe, autour duquel on lit cette inscription : *A Malherbe, né à Caen en 1555 ;* et au bas, *la ville de Caen 1815.* Sur le revers sont tracés une couronne de laurier et une lyre, avec cet hémistiche du législateur du Parnasse français : *Enfin, Malherbe vint.*

Son Exc. le Ministre de l'intérieur, accueillant avec bienveillance cette médaille, a souscrit pour 50 épreuves. Les personnages les plus distingués, un grand nombre de gens de lettres et d'artistes, les membres des différens corps civils et militaires, non-seulement du Calvados, mais des autres départemens, se sont empressés de nous seconder par de nombreuses souscriptions. La liste que nous publions aujourd'hui comprend déjà plus de mille souscripteurs.

Puissent tous les amis des lettres se joindre à nous pour rendre un juste hommage au premier de nos poëtes lyriques ! Puissent-ils payer le même tribut aux grands écrivains, qui comme lui ont illustré le lieu de leur naissance. Déjà la ville de Versailles, imitant notre exemple, vient de consacrer une médaille à la mémoire de Ducis (1). Et c'est aussi à M. Gatteaux qu'elle en a confié l'exécution. Une société, composée des hommes les plus recommandables par leurs dignités et leur mérite, réalise en ce moment le vœu que nous formions depuis long-temps. Bientôt nous posséderons un *médailler* littéraire destiné à consacrer la gloire de la France sous le rapport, sans contredit, le plus honorable.

Caen, ce 25 novembre 1816.

Le prix de la médaille de Malherbe est de 5 fr. 25 cent., en bronze, avec un anneau, et de 5 fr. sans anneau. On peut se la procurer à Caen chez M. Lair, rue du Pont-St-Jacques, et à Paris chez MM. Moisant, notaire, rue Ste-Marguerite, faubourg St-Germain ; Boullay, pharmacien, rue des Fossés-Montmartre; Blaise, libraire, quai des Augustins, n°. 61 ; Deterville, libraire, rue Hautefeuille, n°. 8 ; Renouard, libraire, rue St-André-des-Arcs, n°. 55 ; Besnard, marchand d'estampes de la bibliothèque du Roi, boulevard des Italiens, au coin de la rue Favart.

Nous invitons les personnes qui se proposent de souscrire à donner exactement leurs noms, qualités et demeure. Celles qui ont déjà souscrit et qui auraient des réclamations à faire pour quelque oubli involontaire ou des erreurs presque inévitables dans une liste aussi nombreuse, sont priées de vouloir bien les adresser à M. Lair, à Caen, en affranchissant leurs lettres.

---

(1) On la trouve à la Monnaie des médailles, rue Guénegand, et chez M. Gatteaux, rue de Bourbon, n°. 55. Le prix est de 5 fr. sans anneau.

DISTRIBUTION
DE LA MÉDAILLE
DE MALHERBE.

Ire. LISTE PAR ORDRE ALPHABÉTIQUE.

Académie des Sciences, Arts et Belles-Lettres de la ville de Caen. 2 médailles, l'une en argent, l'autre en bronze.

Académie française, à Paris.

Académie Royale des Sciences, Belles-Lettres et Arts de la ville de Rouen.

Acard, directeur des jardins de la Malmaison, à Ruel.

Achard-de-Bonvouloir, membre du conseil-général du départ. du Calvados ; à Bayeux.

Achard-du-Mesnil-au-Grain, chevalier de l'ordre royal et militaire de St.-Louis ; au Mesnil-au-Grain, arrond. de Caen.

Achard-Saint-Manvieu, Henri, membre du conseil-général du départ. du Calvados ; à Saint-Manvieu, près Vire.

Adry, Jean-Félicissime, ancien bibliothécaire de la congrégation de l'Oratoire.

Aignan, membre de l'académie française, rue de la Sourdière, n°. 31, à Paris.

Aingleville, le chevalier d', procureur du Roi près le tribunal civil de l'arrond. de Lisieux.

Alexandre, recteur de l'académie, professeur à la faculté de droit et conseiller à la Cour royale de Caen, membre de l'académie et de la société d'agriculture et de commerce de cette ville, du collège électoral et du conseil-général du départ. du Calvados, à Caen.

Alibert, médecin consultant du Roi et médecin en chef de l'hôpital St-Louis, rue de Varennes, n°. 4, à Paris.

Amanton, C. N., chevalier de l'ordre royal de la légion d'honneur et conseiller de préfecture du département de la Côte-d'Or ; à Dijon.

Amaury-Duval, membre de l'académie royale des inscriptions et belles-lettres et de la société d'encouragement pour l'industrie nationale, rue du Vieux-Colombier, n°. 46, à Paris.

Ameline, Jean-François, docteur en chirurgie, chirurgien adjoint des hospices de Caen, membre de la société de médecine, et professeur d'anatomie à l'école de médecine de cette ville.

Ampère, inspecteur-général de l'université, professeur à l'école polytechnique, membre de l'académie royale des sciences et de la société philomatique, cour du Commerce, n°. 19, à Paris.

Andrieux, membre de l'académie française, rue de Vaugirard, n°. 27, à Paris.

Angelucci, vice-consul à Portsmouth, aux Etats-Unis d'Amérique. 2 médailles.

Angerville, le comte d', chevalier de l'ordre royal et militaire de St-Louis ; à Douville, arrond. de Pont-l'Evêque.

Angerville, le chevalier d'Auvreche d', membre du collége électoral du départ. du Calvados ; à Bréville, arrond. de Caen.

Anquetin l'aîné, ancien négociant à Rouen.

Arago, F., professeur à l'école polytechnique, membre de l'académie royale des sciences, du bureau des longitudes et de la société philomatique ; à l'observatoire de Paris.

Armaillé, le vicomte d', colonel de la légion de l'Eure.

Arthenay, le baron d', officier de l'ordre royal de la légion d'honneur, membre du collége électoral du départ. du Calvados, et correspondant de la société d'agricult. et de commerce de Caen, à Mesley, arrond. de Falaise.

Asselin, Pierre, membre du collége électoral du départ. du Calvados, et ancien receveur des contributions de l'arrond. de Lisieux ; à Lisieux.

Auber, Felix-Antoine, commissaire des guerres, à Caen.

Aubert, Louis-Henri-Auguste, entreposeur des tabacs

et membre de l'ordre royal de la légion d'honneur; à Falaise.

AUBERTOT, propriétaire, maître de forges dans le départ. du Cher, et membre de la société d'encouragement pour l'industrie nationale.

AUBIGNY, Marc-Antoine de Morell, comte d', membre du collége électoral du départ. du Calvados; à Aubigny, près Falaise.

AUBIGNY, le vicomte d', membre du collége électoral du départ. du Calvados; à Assy, près Falaise.

AUGER, membre de l'académie française, rue Joubert, n°. 24, à Paris. 1 médaille en argent.

AUMONT, madame la duchesse d', née de Chauvigny; à Paris.

AUMONT, le duc d', pair de France, 1er. gentilhomme de la chambre du Roi, lieutenant-général des armées de Sa Majesté, commandant la 14e. division militaire; à Caen.

AUTROCHE d', homme de lettres, au château de la Porte, près Orléans.

AUVRAY-DE-COURSANNE, Louis, ancien avocat au parlement de Paris, demeurant à Caen.

AUVRAY-DE-COURSANNE, J. L. juge auditeur au tribunal civil de Bayeux. 2 médailles.

BACHELET, prêtre et ancien professeur au collége royal de Caen.

BACON l'aîné, Pierre, pharmacien à Caen.

BACON le jeune, Louis, pharmacien à Caen, et membre de la société de médecine de cette ville.

BAILLEUIL, propriétaire du journal du commerce, rue Ste. Anne, à Paris.

BALLEROY, P. A., marquis de, au château de Balleroy près de Bayeux.

BANNEVILLE, Armand, marquis de, maire de la commune de Cairon près Caen.

BANVILLE, le vicomte de, ancien chevau-léger, capitaine de cavalerie; à Bretteville-sur-Bordel, arrond. de Caen.

BAPTISTE, le jeune, sociétaire du théâtre Français, à Paris.

BARANTE, le baron de, conseiller d'état, directeur général des contributions indirectes et ancien membre de la chambre des députés, rue Ste.-Avoie, n°. 44, à Paris.

BARBAZAN, contrôleur des impositions, à Alençon.

BARBÉ, Madame Hortence, Céré de, rue de Miromesnil, n°. 26, à Paris.

BARBET, colonel d'artillerie, directeur général des forges royales de la Marine; à Guérigny, près de Nevers.

BARBEY, ancien lieutenant criminel au bailliage de Caen, membre du conseil municipal de cette ville et du collége électoral du départ. du Calvados, à Caen.

BARBIÉ-DU-BOCAGE, membre de l'Académie royale des inscriptions et belles-lettres, doyen de la faculté des lettres de l'académie de Paris, rue de Grenelle, n°. 25, faubourg St-Germain, à Paris.

BARBIER, administrateur des bibliothèques particulières du Roi et bibliothécaire du conseil-d'état, rue du Bac, à Paris.

BARDEL, capitaine dans la légion du Calvados, membre de l'ordre royal de la légion d'honneur.

BARÉ, homme de lettres, rue Traversière, n°. 2, à Paris.

BARON, directeur du Mont de Piété, à Paris.

BARROIS l'aîné, libraire, rue de Savoie, n°. 13, à Paris.

BAUDRE, Louis-André de, membre du conseil municipal et de l'académie des sciences, arts et belles-lettres de Caen.

BAYEUX, avocat, à Caen.

BAYEUX, Ovide, procureur du Roi près le tribunal de l'arrond. d'Evreux.

BEAUCOUSIN, Henri, administrateur des hospices de la ville d'Amiens.

BEAUJOUR, Felix de, ancien consul de France à Smyrne, demeurant à Paris.

BEAUMONT, le chevalier de, lieutenant-colonel de cavalerie, chevalier de l'ordre royal et militaire de St-Louis ; au Mesnil-Touffray, arrond. de Falaise.

BEAUREPAIRE, comte de Louvagny, Jacques-Alexandre-Reine, chevalier de St-Louis, capitaine de cavalerie, membre du collége électoral du départ. du Calvados et maire de Louvagny, arrond. de Falaise.

BECQUET, conseiller-d'état, sous secrétaire-d'état au départ. de l'intérieur, et membre de la chambre des députés, à Paris.

BEEN, madame, près du Luxembourg, à Paris.

BECQMONT, Armand-Georges-Pacôme, avocat et juge suppléant, à Lisieux.

BEGOUIN, receveur des finances de l'arrondiss. de Lisieux.

BELLAMY, fabricant de bonneterie, juge au tribunal de commerce de Caen, membre du conseil municipal et de la société d'agriculture et de commerce de cette ville.

BELLENGER, professeur de littérature française à l'académie royale de Caen, membre de l'académie des sciences, arts, et belles lettres, et ancien recteur de l'université de cette ville.

BELLIARD, référendaire en la chancellerie de France, chevalier de l'odre royal et militaire de St-Louis, rue Neuve des Petits-Champs, n°. 65, à Paris.

BENARD, inspecteur divisionnaire du système métrique dans les trois départemens de la 14e. division militaire; à Caen.

BENNE, secrétaire particulier de M. le préfet du département de l'Orne; à Alençon.

BÉRENGER, Fréderic de, capitaine dans le régiment des dragons du Calvados.

BERNARD, l'abbé, rue de l'Université, n°. 40, à Paris.

BERNARD DE LA CHAMBINIÈRE, chanoine du diocèse de Bayeux; à Bayeux.

BERNIER, architbecte des bâtimens royaux, à Paris.

BÉROT, notaire royal à Caen.

BERR, Michel, membre de la société philotechnique de Paris, et correspondant de l'académie des sciences, arts et belles-lettres de Caen, rue Ste-Avoie, n°. 18, à Paris.

BERRES DE COLOMBARS, ancien procureur du Roi près la Cour d'assises du départ. du Tarn.

BERTAULD, membre du collége électoral du départ. du Calvados et maire d'Asnelles près Bayeux.

BERTIER, madame la comtesse Emilie de, née Baschi, à Grenoble.

BERTIER, le comte Ferdinand de, préfet du départ. de l'Isère, chevalier de l'ordre royal et militaire de St-Louis, correspondant de l'académie et de la société d'agricult. et de commerce de Caen ; à Grenoble.

BERTIN, ingénieur en chef au corps royal des ponts et chaussées, directeur du pavage de Paris, rue Meslée, n°. 12, à Paris.

BERTIN, maître de Poste à Varade, près d'Ancenis, départ. de la Loire-Inférieure.

BESSON, maire de la commune du Rosel, arrond. de Caen.

BEUVILLE, le Coq de, membre du collége électoral du départ. du Calvados, ancien mousquetaire du Roi et ci-devant conseiller au parlement de Normandie ; à Caen.

BEVILLE DE VICQUES, Jacques, chevalier de l'ordre royal et militaire de St-Louis, membre du collége électoral du départ. du Calvados et maire de Vicques, arrondissement de Falaise.

BIBLIOTHÈQUE PUBLIQUE, la, de la ville d'Alençon.

BIBLIOTHÈQUE PUBLIQUE, la, de Caen.

BIESWAL, adjoint au maire de la ville de Bruges.

BIÉVILLE, le Cocq de, professeur de droit romain à l'académie royale de Caen.

BIGNON, Armand-Jérôme, membre du conseil-général du départ. de l'Aube, et inspecteur des gardes nationales de l'arrond. de Nogent-sur-Seine.

BIGOT DE PRÉAMENEU, le comte de, membre de l'académie française, rue de Varennes, n°. 17, à Paris.

BINET, Philippe-Jean-Jacques, propriétaire à Caen.

BIOT, Jean-Baptiste, membre de l'académie royale des sciences, de la société philomatique et du bureau des longitudes, professeur au collége de France, place Cambrai, à Paris.

BISSON l'ancien, pharmacien à Caen.

BISSON-JARDIN, pharmacien à Caen.

BISSON, capitaine dans la légion du Calvados et membre de l'ordre royal de la légion d'honneur.

BISSON, correspondant de l'académie des sciences, arts et belles-lettres de Caen ; à Bayeux.

BLACHET, ingénieur ordinaire au corps royal des ponts et chaussées ; à Alençon.

BLAINVILLE, D. M. P. de, prof. à la faculté des sciences et à l'école normale de Paris, membre de la société philomatique ; à Paris.

BLAISE, Pierre, ancien conseiller à la Cour d'appel de Caen et membre du collége électoral du départ. du Calvados ; à Caen.

BLAISE, Jean-Jacques, libraire, quai des Augustins, n°. 61, à Paris. 3 médailles, dont une en argent.

BLANCARD, madame, veuve de M. Lecoustellier, dernier descendant de Blondel le Coustellier, écuyer de Richard Cœur de Lion ; à Ver, arrond. de Bayeux.

BLANCHARD, Jean-Louis, ingénieur en chef au corps royal des ponts-et-chaussées ; à Montbrison, départ. de la Loire.

BLANGY, le comte Xavier de, à Paris.

BLANGY, le chevalier Maximilien de, à Paris.

BLANGY, Auguste de, au Château de Juvigny Malherbe, près Caen.

BLAVINHAC, proviseur du collége royal de Caen.

BLIN, receveur de l'enregistrement des actes civils, à Caen.

BLIN-BARON, président de la chambre des avoués de la Cour royale de Caen.

BLIN, marchand de vin, à Caen.

BLUTEL, inspect. divisionnaire des douanes, à Vannes.

BODARD, ex-consul général à Gênes, rue de l'Échiquier, n°. 38, à Paris.

BOISARD, F., percepteur des contributions, à Vieux-Pont, arrond. de Lisieux.

BOISBILAINE-BEROULT, membre du collége électoral du départ. du Calvados ; à Falaise.

BOISJUGAN, Godefroy de, curé de la paroisse de St-Etienne de Caen.

BOISSELIER de CORNOTTE, trésorier de la légion du Calvados.

BOISSY-D'ANGLAS, le comte, pair de France et membre de l'académie royale des inscriptions et belles-lettres ; à Paris.

BONIOL DE ST-GENIEZ, premier vérificateur des douanes; à Cherbourg.

BONIOL DE LA GARDIE, commis principal de la marine; à Cherbourg. 2 médailles.

BONNAIRE, Jean-Baptiste, fabricant de dentelles, à Caen, et rue neuve St-Eustache, n°. 5, à Paris.

BONNAIRE, Donat, professeur de mathématiques au collége royal de Caen.

BONNARD, A. de, ingénieur en chef au corps royal des mines et membre de la société philomatique; à Paris.

BONNECHOSE, Louis-Marie Gabriel de, ancien page du Roi, membre du collége électoral du départ. du Calvados; à Pierre-Fitte, arrond. de Pont-l'Evêque.

BONNESERRE, Antoine-Jean, libraire, capitaine dans la garde nationale de Caen.

BONNET DE DRAMARD, Emmanuel, membre du collége électoral du départ. du Calvados et maire de Gonneville-sur-Dives, arrond. de Pont-l'Evêque.

BONNEVAUX, le comte de, entreposeur des tabacs, à St-Lo.

Bosc, Louis-Augustin-Guillaume, membre de l'académie des sciences, de la société philomatique et de la société royale et centrale d'agriculture, rue des Maçons-Sorbonne, n°. 15, à Paris.

BOSCHER-D'HARCOURT, Philippe-François-Germain, avocat.

BOTTIN, correspondant de la société royale et centrale d'agriculture et membre de l'ordre royal de la légion d'honneur; à Paris.

BOUCHARD, Charles, docteur en médecine, membre de la société d'instruction médicale de Paris; à Vire.

BOUCHER-D'ARCIS, directeur des contributions indirectes du départ. du Nord; à Lille.

BOUDARD-DU-PLESSIS, Philippe-Henry, membre du collége électoral du départ. du Calvados; à Lisieux.

BOUDET, pharmacien et membre de la société des pharmaciens de Paris, rue du Four-St-Germain, n°. 88, à Paris.

BOUDET-GUELAND; à Paris.

BOUESSEL, Charles, inspect. divisionnaire au corps royal des ponts et chaussées et membre de la société d'agriculture et de commerce de Caen.

BOUFFEY, Louis, médecin, chevalier de l'ordre royal de la légion d'honneur; à Argentan.

Bouffey, Charles, juge d'instruction, pres le tribunal civil d'Argentan.

Bouillé, madame de, rue et hôtel Baillif, à Paris.

Bouillie, Gilles-Louis, officier dans la garde nationale de Caen.

Bouisset, professeur de littérature latine à l'académie royale de Caen, et membre de l'académie des sciences, arts et belles-lettres de cette ville.

Boulancy, de, chevalier de l'ordre royal et militaire de St-Louis, sous-préfet de l'arrond. de Lisieux et correspondant de la société d'agriculture et de commerce de Caen.

Boulanger fils, substitut du procureur-général en la Cour royale de Rouen et membre de la société d'émulation de cette ville.

Boulard, notaire honoraire et ancien maire, membre des sociétés centrale d'agriculture et d'encouragement; à Paris.

Boullay, de Caen, pharmacien, chevalier de l'ordre royal de la légion d'honneur, membre des sociétés de médecine et médicale de Paris, correspondant de l'académie et de la société d'agriculture et de commerce de Caen, rue des Fossés-Montmartre, n°. 17, à Paris. 2 médailles.

Boullée, juge de paix du canton de Douvres, arrond. de Caen.

Boullement-d'Ingremard, trésorier des invalides de la marine; à Caen.

Bourdel, Jean-Jacques, chirurgien adjoint de l'hospice et membre du conseil municipal d'Honfleur.

Bourdon, capitaine dans la légion du Calvados et membre de l'ordre royal de la légion d'honneur.

Bourdon-de-Lisle, chevalier de l'ordre royal et militaire de St-Louis et membre du collége électoral du départ. du Calvados; à Fontaine-Étoupefour, arrond. de Caen.

Bourget, Pierre-Toussaint, docteur en médecine, conseiller médecin ordinaire de Louis XVI, intendant des eaux minérales de Bagnoles et correspondant de la société de médecine de Paris; à Falaise.

Bourguignon, Frédéric, substitut du procureur du Roi près le tribunal civil de Paris.

Boury, le chevalier de, sous-préfet de l'arrond. de Pont-l'Evêque, et correspondant de la société d'agricult. et de commerce de Caen.

Bouteillier, chef de bataillon au corps royal de l'artillerie, officier de l'ordre royal de la légion d'honneur; attaché à l'état major de l'école royale d'artillerie et du génie; à Metz.

Bouvyer-Desmortiers, le, ancien magistrat, membre de la société philotechnique de Paris et correspondant de l'académie des sciences, belles-lettres et arts de Rouen, rue de Seine, faubourg St-Germain, à Paris.

Brancas, le marquis de, grand d'Espagne de la 1re. classe, colonel des dragons de la Saône.

Brault, Charles, évêque du diocèse de Bayeux, et correspondant de l'académie et de la société d'agricult. et de commerce de Caen; à Bayeux.

Bréa, messager à la chambre des pairs, rue des Fossés M. le Prince, n°. 30, à Paris.

Brebam, fils aîné, membre du conseil municipal de Caen et ancien juge du tribunal de commerce de cette ville.

Brébam-Paisant, marchand de dentelles, à Caen.

Brébisson, de, membre du conseil d'arrond. de Falaise, et adjoint à la mairie de cette ville, correspondant des académies et société d'agricult. et de commerce de Caen, des sociétés philomatique de Paris et d'agricult. de Versailles.

Brée, François-Gabriel, imprimeur du Roi, à Falaise.

Brémontier, Georges-Thomas, père, correspondant de la société d'émulation de Rouen, de l'académie des sciences, arts et belles-lettres de Caen et ancien directeur des contributions indirectes de cette ville; à Paris.

Brémontier, fils aîné, Georges-Bertin, ingénieur ordinaire au corps royal des ponts et chaussées; à Reims.

Breschet, G., docteur-médecin, prosecteur à la faculté de médecine et secrétaire général de la société médicale d'émulation de Paris, rue de la Jussienne.

Bretheville, Harel de, chevalier de l'ordre royal et militaire de St-Louis et membre du collége électoral du dépt. du Calvados ; à Bretheville-sur-Laize, arrond. de Falaise.

BRETOCQ, Louis-Jean-Baptiste, sous-directeur des constructions navales de Rochefort. 2 médailles.

BRIAND, prêtre et professeur au collége royal de Charlemagne, rue culture Ste. Catherine, à Paris. 2 médailles.

BRIÈRE, E., négociant et juge au tribunal de commerce de la ville de Caen.

BRIÈRE, avocat général à la Cour royale de Rouen, membre de l'académie des sciences, belles-lettres et arts, et président de la société d'émulation de cette ville.

BRILLAT DE SAVARIN, conseiller à la Cour de cassation, et membre de la société d'encouragement pour l'industrie nationale, rue des Filles St-Thomas, n°. 23, à Paris.

BRILLY DE LA ROCQUE, de, chevalier de l'ordre royal et militaire de St-Louis, ancien lieutenant-colonel des dragons, président du tribunal civil de l'arrond. de Pont-l'Évêque.

BRION, fabricant de mousselines, à Caen.

BRIQUEVILLE, Henri de, membre du conseil-général du dépt. du Calvados ; à Bayeux.

BROCARD, chef de bureau au ministère de la justice, rue du Harlay, n°. 21, à Paris.

BRODON, ancien avocat et pensionnaire du Roi, rue Poupée, n°. 9, à Paris.

BRONGNIARD, Alexandre, directeur de la manufacture royale de porcelaine de Sèvres, professeur à la faculté des sciences, membre de l'académie royale des sciences et de la société philomatique, rue St-Dominique, n°. 71, à Paris.

BROQUET, D. C., homme de lettres, à Paris.

BRUNEAUD, secrétaire de M. de Viomenil, maréchal de France.

BRUNEL, capitaine dans la garde nationale de Paris, rue de Provence, n°. 8.

BRUNET, procureur du Roi, à Falaise, membre du conseil général du dépt. du Calvados et correspondant de la société d'agricult. et de commerce de Caen.

BRUNNAUX, entreposeur principal des tabacs, pour le dépt. de la Manche ; à St-Lo.

Brunon, l'aîné, fabricant d'armes, à Caen.

Brunot-Labbe, libraire, quai des Augustins, n°. 33, à Paris. 2 médailles.

Busnel, Charles-Pierre, contrôleur des contributions directes de la 2e. division de l'arrond. de Falaise.

Bynet, secrétaire-dessinateur de l'inspection générale des travaux maritimes au ministère de la marine et correspondant de l'académie des sciences, arts et belles-lettres de Caen.

Cabart, Louis, prêtre; à Cherbourg.

Cacheleu, de, chevalier de l'ordre royal et militaire de St-Louis, membre du collége électoral du dépt. du Calvados; à Maillot, arrond. de Pont-l'Evêque.

Cadet de Gassicourt, Ch. L., pharmacien, chevalier de l'ordre royal de la légion d'honneur, membre des sociétés de médecine, médicale et de pharmacie de Paris, rue St-Honoré, n°. 108, à Paris. 2 médailles.

Cadet de Vaux, censeur royal honoraire et membre de la société royale et centrale d'Agricult., rue de l'Épron, à Paris.

Caffarelli, Charles-Ambroise, ancien préfet du dépt. du Calvados, correspondant de l'académie et de la société d'agricult. et de commerce de Caen; au Falga, près de Carcassonne.

Caffary, sous-chef à l'administration des impositions indirectes, à Paris.

Cagny, le chevalier ménage de, membre du collége électoral du dépt. du Calvados, à Cagny, arrond. de Caen.

Cahagne, Pierre-François-André, homme de loi, à Caen.

Cailly, président de chambre à la Cour royale de Caen et membre de l'académie des sciences, arts et belles-lettres de cette ville.

Cailly, Frédéric, capitaine de 1re. classe au corps royal d'artillerie, officier de l'ordre royal de la légion d'honneur et correspondant de l'académie des sciences, arts et belles-lettres de Caen; à Metz.

Cairon-d'Amblye, de, membre du collége électoral du dépt. du Calvados, correspondant de la société d'agricult. et de commerce de Caen, maire d'Amblye, arrond. de Caen.

CAMPENON, membre de l'académie française, rue Duphot, n°. 17, à Paris.

CAMPIGNY, le marquis Beauquet de, membre du collége électoral du dépt. du Calvados; à Bayeux.

CARDOT, chef des bureaux du secrétariat de l'institut de France; à Paris.

CARPENTIER, Alphonse, chef du bureau des loteries de France, rue Phelippeaux; à Paris.

CARITÉ, professeur, licencié à la faculté des lettres de l'académie de Paris.

CARRON, l'abbé, des Feuillantines, rue St-Jacques, à Paris.

CASTEL, René-Richard, inspecteur des études des écoles royales et militaires et de l'université de France, correspondant de l'académie des sciences, arts et belles-lettres de Caen; à Paris.

CATALAN, membre de la société des enfans d'Apollon; à Paris.

CATTEREAU, Hugues-Nelson de, chevalier de l'ordre royal de la légion d'honneur et ancien mousquetaire de la maison du Roi; à Paris.

CAUCHY, le chevalier, garde des archives et rédacteur des procès-verbaux de la chambre des pairs, au palais du Luxembourg.

CAUMONT, de, ancien médecin de la Cour, et membre de plusieurs sociétés savantes; à Lisieux.

CAUVET, Jean-François, membre du collége électoral de l'arrond. de Caen, et ancien avocat à Caen.

CAUVIGNY, le baron Bernard de, chevalier de l'ordre royal et militaire de St-Louis et membre du collége électoral du dépt. du Calvados; à Clinchamps, arrond. de Caen.

CHABOT-LATOUR, à Paris.

CHABROL DE VOLVIC, le comte, conseiller d'état et préfet du dépt. de la Seine; à Paris.

CHALLAN, le chevalier, secrétaire adjoint de la société royale et centrale d'agricult.; à Paris.

CHALOPIN, Pierre, imprimeur-libraire, à Caen.

CHALOPIN, Gilles-Jacques-Charles, juge de paix du canton de Tilly-sur-Seulles, à Tilly.

CHANTEPIE, inspecteur de l'académie royale de Caen et associé domicilié de l'académie des sciences, arts et belles-lettres de cette ville.

Chantereyne, victor, officier de l'ordre royal de la légion d'honneur, 1er. avocat général à la Cour royale, professeur en droit à l'académie royale de Caen, membre de l'académie et de la société d'agricult. et de commerce de cette ville, ancien membre de la chambre des députés.

Chantereyne, François, président du tribunal de commerce de Cherbourg.

Chapais, André de, conseiller à la Cour royale de Rouen et membre de la société d'émulation de cette ville.

Chaptal, le comte, membre de l'académie des sciences et de la société d'encouragement pour l'industrie nationale, correspondant de la société d'agricult. et de commerce de Caen, rue St-Dominique, n°. 70, à Paris.

Charié, sous-commissaire de marine, au Hâvre.

Charles, membre de l'académie royale des sciences, aux Quatre-Nations, à Paris.

Charsignié Piedoue, de, membre du collége électoral du dépt. du Calvados ; à Pétiville, près Caen.

Chassirion, de, conseiller, maître des comptes, membre de la société royale et centrale d'agricult. et d'autres sociétés savantes ; à Paris.

Chastenay, le comte Henri de, ancien officier supérieur des chevau-legers de la garde du roi ; à Paris.

Chateaubriand, le vicomte de, pair de France, membre de l'académie française, rue de l'Université, n°. 24, à Paris.

Chatry de la Fosse, le chevalier, lieutenant-colonel de cavalerie ; à Caen.

Chaud, lieutenant-colonel de la légion du Calvados, officier de l'ordre royal de la légion d'honneur et chevalier de l'ordre royal et militaire de St-Louis.

Chaulieu, le baron Jules de, sous-préfet de l'arrond. de Cherbourg.

Chaulieu, le chevalier Gabriel Desrotours de, conseiller de préfecture du dépt. de la Manche et correspondant de la société d'agricult. et de commerce de Caen ; à St-Lo.

Chaussard, homme-de-lettres, rue de Grenelle St-Honoré, n°. 30, à Paris.

Chaussard, fils, élève en médecine ; à Paris.

Chaussier, chevalier de l'ordre royal de la légion d'honneur, professeur de la faculté de médecine et médecin en chef de l'hôpital de la Maternité de Paris, président des jurys médicaux de la France, etc., rue Ste. Hyacinte, n°. 8, près la place St-Michel, à Paris.

Chauvin, vérificateur de l'enregistrement; à St-Lo.

Chênedollé, madame, née de Banville; à Vire.

Chênedollé, Lioult de, homme-de-lettres, inspecteur de l'académie royale de Caen et membre de l'académie des sciences, arts et belles-lettres de cette ville; à Vire.

Chépy, Pierre, ancien agent diplomatique, rue de Condé, n°. 30, à Paris.

Cheruet, le Clair, curé d'Hérouville-St-Clair, membre de la société d'agricult. et de commerce de Caen; à Hérouville, près Caen.

Chesnon, de Caen, Jean-Etienne, conducteur des ponts et chaussées pour les travaux maritimes du Tréport, et architecte de S. A. S. madame la duchesse douairière d'Orléans; à Eu.

Chevreau, docteur médecin et chirurgien-major de la légion du Calvados.

Chevreul, E., professeur de chimie et membre de la société philomatique, au Jardin du Roi, à Paris.

Chevreuse, Honoré de, hôtel de Luynes, rue St-Dominique, à Paris.

Chevreuse, Paul de, hôtel de Luynes, rue St-Dominique, à Paris.

Chibourg, Jacques-Gabriel, médecin en chef des hospices, membre de la société de médecine de Caen et du conseil municipal de cette ville.

Chiffrevast, de, chevalier de l'ordre royal et militaire de St-Louis; à Bayeux.

Chivré, madame de, née Duhamel; à Caen.

Choiseuil-Gouffier, le comte de, pair de France, ministre d'état et membre de l'académie des inscriptions et belles-lettres, rue Neuve des Mathurins, n°. 20, à Paris.

Choppin-d'Arnouville, ingénieur vérificateur du cadastre du dépt. de Seine-et-Oise; à Versailles.

Choron, directeur de l'académie royale de musique,

correspondant de l'académie et de la société d'agricult. et de commerce de Caen; à Paris.

Chrétien, bâtonnier de l'ordre des avocats de Caen et conseiller de préfecture du dépt. du Calvados, à Caen.

Chrétien la Lanne de Caen, docteur en médecine, médecin des dispensaires de Paris, membre de l'académie de médecine de cette ville, et correspondant de l'académie et de la société d'agricult. et de commerce de Caen, rue du Vieux Colombier, n°. 17, à Paris.

Chrétien fils, Léon; à Paris.

Cintrez, de, préfet du dépt. du Finistère; à Quimper.

Clavier, membre de l'académie royale des inscriptions et belles-lettres, rue du Grand-Chantier, n°. 8, au Marais, à Paris.

Cléau, sous-chef à la préfecture de police du dépt. de la Seine; à Paris.

Clément, Charles, négociant, droguiste, à Caen.

Clément, ancien secrétaire-général de la préfecture du dépt. de la Manche, membre de l'ordre royal de la légion d'honneur; à St-Lo.

Clément, manufacturier de produits chimiques et membre de la société philomatique, à Paris.

Clinchamps, de, receveur particulier des impositions; à St-Lo.

Clogenson de Clemencey, substitut du procureur du Roi près le tribunal civil d'Alençon.

Cloiseau, avocat et membre de la société des enfans d'Apollon; à Paris.

Collet-Descostils, Pierre-Jean, chevalier de l'ordre royal de la légion d'honneur, ancien préfet du dépt. du Calvados, et ancien procureur-général du conseil des prises, correspondant de la société d'agricult. et de commerce de Caen, rue d'Enfer, n°. 31, à Paris.

Collet-Descostils fils, ingénieur en chef des mines, membre de l'institut d'Égypte, de la société philomatique et correspondant de l'académie et de la société d'agricult. et de commerce de Caen.

Colleville, madame Morin de, veuve du petit fils de Samuel Bochard; à Caen.

COLLIN, Daniel, propriétaire à Banville, arrond. de Bayeux.

COLLIN DES GAGES, négociant-armateur ; à Honfleur.

COLNET, libraire, quai Malaquais, n°. 9, à Paris.

COLLOMBEL, Louis-Toussaint, ancien conseiller-auditeur à la chambre des comptes de Rouen, membre du collége électoral du dépt. du Calvados ; à Caen.

COLOMBY, Samuel-Jolivet de, chevalier de l'ordre royal et militaire de St-Louis, chef d'escadron et maire de Colomby près Caen.

CONSEIL, Noël-Corantin, écuyer, maire de la ville de Bayeux.

CONDEY, de, chevalier de l'ordre royal et militaire de St-Louis, et membre de la chambre des députés pour le dépt. du Calvados ; à Vire.

CORNET, avocat à Paris.

COSNARD, Jean, membre du collége électoral du dépt. du Calvados ; à Grandmesnil, arrond. de Lisieux.

COSNARD, John, propriétaire à Gersey.

COSTAZ le jeune, Anthelme, membre de la société d'encouragement pour l'industrie nationale et correspondant de la société d'agricult. et de commerce de Caen ; à Paris.

COSTIN, membre du collége électoral du dépt. de la Manche ; à St-Jean-de Daye, arrond. de St-Lo.

COSTY, avocat et conseiller de préfecture du dépt. du Calvados, à Caen.

COUCHERY, Victor, secrétaire-rédacteur de la chambre des députés, à Paris.

COULMIERS, de, directeur des douanes à l'Orient.

COURCELLES, Larchier, baron de, chevalier de l'ordre royal et militaire de St-Louis, membre du collége électoral du dépt. de l'Oise, de la société d'encouragement pour l'industrie nationale, et de la société d'émulation de Rouen ; à Auchy-en-Bray, dépt. de l'Oise. (M. le baron de Courcelles est descendant de Jean Larchier et de Guilmette de Malherbe, à Auchy-en-Bray.)

COURMACEUIL, capitaine dans la légion du Calvados et membre de l'ordre royal de la légion d'honneur.

COURTIN, secrétaire-général de l'aministrat. de l'académie royale de musique, rue St-Anne, n°.57, à Paris.

Coutance, garde-magasin des vivres, à Caen. 2 médailles.

Crapelet, imprimeur, rue de Vaugirard, n°. 9, à Paris.

Cretin, Claude-François, professeur de mathématiques à Caen.

Crochon, capitaine dans la légion du Calvados et membre de l'ordre royal de la légion d'honneur.

Croisille, Jacques-François de, chevalier de l'ordre royal et militaire de St.-Louis, maire de St.-Rémy, arrond. de Falaise.

Croisy, chef de bureau au ministère de la marine, à Paris.

Cubières, le marquis de, écuyer du Roi, associé libre de l'académie royale des sciences; aux Petites Ecuries du Roi, place du Carrousel, à Paris.

Cuny, chef de bureau au ministère de la marine, rue du faub. Poissonnière, n°. 9, à Paris.

Cussy, de, capitaine dans la légion du Calvados.

Cuvier, le chevalier, conseiller-d'état ordinaire, secrétaire perpétuel de l'académie royale des sciences, professeur au collége de France et d'anatomie comparée, au Jardin du Roi, à Paris.

Cyresme-de-Banville, chevalier de l'ordre royal et militaire de St-Louis; au château de Martragny, arrond. de Caen.

Cyresme, Charles-François, chevalier de l'ordre royal et militaire de St-Louis et de St-Jean de Jérusalem, chef de bataillon et d'état-major des gardes nationales du Calvados.

Dacier, le chevalier, administrateur de la bibliothèque du Roi, secrétaire perpétuel de l'académie royale des inscriptions et belles-lettres, et officier de l'ordre royal de la légion d'honneur; rue de Colbert, n°. 4, à Paris.

Daigneaux, H. G., membre du collége électoral du dépt. du Calvados; à Mousseaux, près Bayeux.

Daigremont-St.-Manvieux, Jean-Baptiste-Augustin, conseiller à la Cour royale de Caen, membre du conseil municipal, de la société d'agricult. et de commerce de cette ville, du collége électoral du dépt. du Calvados et ancien membre de la chambre des députés.

DALMENECHE, pharmacien à Rouen et membre de la société d'émulation de cette ville.

DAMBRAY, chancelier, garde des sceaux de France; au Luxembourg, à Paris.

DAMPIERRE, Auguste, membre du collége électoral du dépt. du Calvados, correspondant de la société d'agricult. et de commerce de Caen et maire de Bray la Campagne, arrond. de Falaise.

DAN-DE-LA-VAUTERIE, Pierre-Auguste, docteur en médecine des facultés de Caen et de Paris, secrétaire de la société de médecine de Caen, associé domicilié de l'académie des sciences, arts et belles-lettres de la même ville.

DAN-DE-LA-VAUTERIE, Louis-Jean-Jacques, ingénieur au corps royal des ponts et chaussées; à Honfleur.

DANNE, percepteur des contributions directes du 1er. arrond. de Caen.

DARCET, vérificateur des essais des monnaies, membre de la société d'encouragement pour l'industrie nationale, correspondant de la société d'agricult. et de commerce de Caen, petit-fils de Rouelle, né à Mathieu près Caen; à l'Hôtel des Monnaies, à Paris.

DARCET fils, Félix; à l'Hôtel des Monnaies, à Paris.

DARNAUD, le baron, lieutenant-général, commandant l'hôtel royal des Invalides, à Paris.

DARNAUD, chef de bataillon dans la légion du Calvados et officier de l'ordre royal de la légion d'honneur.

DARU, le comte, membre de l'académie française; rue de Grenelle-St-Germain, n°. 81, à Paris.

DAVRIL, ébéniste et décorateur de tables; passage Beaufort, rue Quincampoix, n°. 37, à Paris.

DECHALLOU, Jean-Baptiste, marchand à Caen.

DECHEPPE, homme de lettres, rue de Sèvres, hôtel de Lorge, n°. 95, à Paris.

DEFRANCE, ancien conservateur des hypothèques à Sceaux, correspondant de la société philomatique de

Paris et de la société d'agricult. et de commerce de Caen ; à Seaux.

DEFRANCE, Louis, médecin à Caen, membre de la société d'agricult. et de commerce de cette ville.

DEGAND, Achille-Antoine-Edme, conservateur des hypothèques à Caen.

DÉGERANDO, le baron de, conseiller-d'état, membre de l'académie royale des inscriptions et belles-lettres et de la société d'encouragement pour l'industrie nationale, président de la société de Paris pour l'instruction élémentaire ; rue Cassette, n°. 38, à Paris.

DEGLATIGNY, médecin et maire de Vieux-Pont, arrond. de Lisieux.

DEJEAN, avocat aux conseils du Roi, rue de Clery, n°. 5, à Paris.

DEJUNQUÈRES, chef de bureau à l'administration de l'enregistrement et des domaines ; à Paris.

DELAAGE, Joseph, inspecteur des douanes à Cherbourg.

DELACOUR, Jean-Louis, inspecteur des postes et relais de France, rue de Tracy, n°. 9, à Paris.

DELAIR, au secrétariat de la chambre des pairs, à Paris.

DELAISTRE, le comte Raoul, membre du collége électoral du dépt. du Calvados et du conseil d'arrond. de Caen, maire de Colombelles près Caen.

DELALANDE, Jean, propriétaire à Caen.

DELALONDE, Jacques-François-Richard, 1er. adjoint au maire de Caen, et membre de la commission des hospices de cette ville.

DELAMARE, Jacques, professeur de violoncelle à Caen.

DELAMBRE, le chevalier, secrétaire perpétuel de l'académie royale des sciences de Paris, membre du bureau des longitudes, rue du Dragon, n°. 16, à Paris.

DELANDE, Pierre-Fréderic, avocat à Caen.

DELANNEY, Jacques-Gabriel, inspecteur des contributions directes du dépt. du Calvados ; à Caen.

DELAPORTE, contrôleur des messageries à Caen.

DELARIVIÈRE, P. F. T., professeur de philosophie au collége royal de Clermont, et ancien secrétaire de l'académie des sciences, arts et belles-lettres de la ville de Caen.

DELARUE, chanoine honoraire de Bayeux, professeur

d'histoire à l'académie de Caen, membre de l'académie des sciences et de la société d'agricult. et de commerce de cette ville, et correspondant de l'académie royale des inscriptions et belles-lettres.

DELARUE, Armand, ingénieur des ponts et chaussées.

DELARUE, L. G., pharmacien, secrétaire de la société de médecine du dépt. de l'Eure, correspondant de l'académie et de la société d'agricult. et de commerce de Caen; à Evreux.

DELARUE, l'abbé, curé de St-Denis, rue St-Athanase, au Marais, à Paris.

DELAUNAY, Pierre-François, greffier de la Cour royale à Caen.

DELAUNAY, Jacques, greffier du tribunal de police de Caen.

DELAUNAY, l'abbé Pierre, aumônier de l'artillerie à pied de la garde royale; à Vincennes.

DELAUNAY DE VIMONT, père, membre du collége élect. du dépt. du Calvados, à Vimont, arrond. de Caen.

DELAUNOY, à Orléans.

DELAVARDE fils, bachelier ès lettres à l'académie de Paris, demeurant à Paris.

DELAVIGNE, pharmacien, à Caen.

DELBERGUE-CORMONT, ingénieur en chef au corps royal des ponts et chaussées; à St-Lo.

DELEUZE, membre de la société philomatique et aide naturaliste au Jardin du Roi; à Paris.

DELIÈGE, Ch., avocat aux conseils du Roi et à la Cour de cassation, rue l'Evêque, n°. 15, à Paris.

DELISLE, Georges, avocat et professeur-suppléant à la faculté de droit de l'académie royale de Caen.

DÉLOGES, substitut du procureur-général à la Cour royale de Caen.

DELONDRE, L. Clerambourg, pharmacien, rue St-Honoré, n°. 93, à Paris.

DELOUBERT, le vicomte Jean-Robert de Martainville, chef d'escadron du régiment des dragons du Calvados, chevalier de l'ordre royal et militaire de St-Louis, de l'ordre royal de la légion d'honneur et de celui de Jérusalem.

DEMANNE, madame, peintre de genre, rue Neuve des Petits-Champs, n°. 12, à Paris.

Démons, curé de Cherbourg et membre de la société académique de cette ville.

Deniéport, V. J., négociant, rue des Petites-Ecuries, n°. 13, à Paris

Deperne, à Paris.

Derosne, François, pharmacien, membre de la société de pharmacie de Paris, rue St-Honoré, n°. 115, à Paris.

Desbordeaux, professeur à l'école de médecine de Caen, associé domicilié de l'académie des sciences, arts et belles lettres de cette ville, de la société de médecine de Paris et membre du jury médical du dépt. du Calvados, à Caen.

Desbordeaux, François-Louis-Amédée, élève du collége royal de Caen.

Deschamps, Samson, inspecteur des eaux et forêts; à Caen.

Des Tables l'aîné, Gabriel, fabricant de papier et correspondant de la société d'agricult. et de commerce de Caen; aux Vaux de Vire.

Desfontaines, membre de l'académie royale des sciences et professeur de botanique au Jardin du Roi, à Paris.

Desfontaines Fouques, de Caen, censeur royal, rue Montmartre, n°. 132, à Paris.

Desgenettes, le baron, ancien 1er. médecin des armées et professeur à l'école de médecine de Paris, rue de Tournon, à Paris.

Desgranges, commissaire de marine à Caen.

Deshayes, peintre et professeur de dessin à Caen.

Deshauchamps, capitaine dans la légion du Calvados.

Deshautieux, membre du conseil général du dépt. de l'Eure; à Evreux.

Desjardins, notaire royal à Versailles.

Desjardins, Lemaistre, membre du collége électoral du dépt. du Calvados; à Quetiéville, arrond. de Lisieux.

Deslonchamps, ancien recteur de l'université, doyen de la faculté des lettres à l'académie de Caen, membre de l'académie des sciences et de la société d'agricult. et de commerce de cette ville.

Deslonchamps, fabricant de dentelles à Caen.

DESMARAIS, le Bourgeois, major de la légion du Calvados et chevalier de l'ordre royal et militaire de St-Louis.

DESMARES-GENTIL, Henri, négociant à Rouen.

DESNOYERS, de Caen, Hubert, graveur de S. A. R. le duc d'Angoulême et du ministère de la maison du Roi, rue de l'Echelle, n°. 9, à Paris.

DESPALIÈRES, Martin, consul de France, à Anvers.

DESPREZ, Emmanuel-Marie-Guillaume, conseiller à la Cour royale de Caen et membre de la société d'agricult. et de commerce de cette ville.

DESPREZ, maréchal des camps et armées du Roi; à Amiens.

DESROCHES, professeur de réthorique au collége royal de Meaux.

DESTIGNY, horloger à Rouen, et membre de la société d'émulation de cette ville.

DETAILLE, ingén. en chef au corps royal des ponts et chaussées, à Alençon.

DETERVILLE, libraire, rue Haute-Feuille, n°. 8, à Paris. 2 médailles.

DEVIC, Antoine-Marin, avocat à la Cour royale de Caen.

DEVILLERS-DU-TERRAGE, rue St-Dominique, n°. 94, faub. St-Germain, à Paris.

DEVILLIERS, B. T., ingén. des ponts et chaussées et memb. de l'institut d'Egypte; à Paris.

DEYEUX, prof. de chimie, à l'école de méd. de Paris et memb. de l'acad. royale des sciences, rue de Tournon, à Paris.

DIEU de Bellefontaine, propriétaire à Caen.

DIDOT, Firmin, imprim. du Roi et de l'inst. de France, rue Jacob, n°. 24, à Paris.

DINET, Ch.-Louis-Félix, prof. à la faculté des sciences de Paris, examinateur pour l'admission à l'école polytechnique, rue Ste. Croix de la Bretonnerie, n°. 28, à Paris.

DINGE, homme-de-lettres, à Paris.

DOBRÉE, Bonamy, négociant; à Londres.

DOGUEREAU, maréch. de camp d'artill., command. de l'ordre royal de la légion d'honneur, chev. de l'ordre royal et milit. de St-Louis, command. l'école régimentaire d'artillerie; à Metz.

Boisnel, ancien entreposeur principal des tabacs pour le dépt. du Calvados; à Caen.
Dolomieu, le marquis de, à Paris.
Dominel Chorin, docteur en méd., chirurg. en chef des hôpitaux de Caen, prof. de l'école de méd., associé domicilié de l'acad. et memb. de la société d'agricult. et de commerce de cette ville.
Donnet, Auguste, négociant à Caen.
Douesnel, F., memb. du collége éect. du dépt. du Calvados; à Bayeux.
Douesnel, méd. et memb. du collége élect. du dépt. du Calvados; à Bayeux.
Doulcet de Pontecoulant, correspond. de la société d'agricult. et de commerce de Caen, rue Ste. Croix, n°. 13, à Paris.
Doutrelaine, capit. dans la légion de la Somme.
Doyen, Jean-François, recev.-gén. des finances du dépt. de la Manche; à St-Lo.
Drieu, capit. au corps royal d'artil., chev. de l'ordre royal de la légion d'honneur; à Orléans.
Drugeon, notaire honoraire, rue Servandoni, à Paris.
Dubuisson, madame Armande, née Malherbe; à Caen.
Dubois, sous-inspect. des douanes, rue du faub. Montmartre, n°. 10, à Paris.
Dubois, Antoine, prof. à la faculté de méd. et à la maison d'accouchem. de Paris, memb. de plusieurs sociétés savantes, place de l'Ecole de Méd., à Paris.
Duboschet, Julien-Auguste-Gallery, maire de Troismont, arrond. de Caen, et memb. du coll. élect. du Calvados.
Duboscq, Mme., née le Peltier, ve. de M. Duboscq, docteur en médecine; à Vire.
Dubourg-d'Isigny, Louis-Charles-Richard, doct. en droit et juge aud. au trib. de Vire.
Dubra, négociant à Paris.
Dubuc, entrepreneur de travaux publics des ponts et chaussées; à Caen.
Dubuc, pharmacien à Rouen, memb. de l'acad. royale des sciences de cette ville, et du jury médical du dépt. de la Seine-Inférieure.
Duchatel, Charles-François, écuyer, memb. du coll. élect. du Calvados; à Montchamp-le-Petit près Vire.

DUCHEMIN, ancien recteur de l'univ., doyen de la faculté des sciences de Caen et memb. de l'acad. des sciences, belles-lettres, etc., de cette ville.

DUCHEVAL aîné, memb. de la chambre consultative des manufactures, arts et métiers, trésorier de la société d'agricult. et de comm. de Caen, ancien conseiller de préfecture du Calvados.

DUCHEVREUIL père, memb. de la société académique de Cherbourg; à Equerdreville près Cherbourg.

DUCHEVREUIL, Flocel; à Cherbourg.

DUCIS, Jean-François S. S. T., m. de l'acad. française.

DUCLOS-LE-BLANC, chef de batail. dans la garde nationale de Caen.

DUCROS, chef de batail. d'artillerie, chev. de l'ord. roy. de la légion d'honneur; à Orléans.

DUFÉRAGE, le Hot, propriétaire à Caen.

DUFOURNY, memb. de l'acad. royale des inscript. et belles-lettres de Paris, et conserv. du musée royal, rue de l'Université, n°. 10, à Paris.

DUFRENOY, Mme., rue Bourtibourg, n°. 16, à Paris.

DUFRESNE, le Fêvre, sous-inspect. aux revues, memb. de l'ord. royal de la légion d'honneur et du collège élect. du dépt. du Calvados; à Caen.

DUFRESNEY, capitaine dans la légion du Calvados.

DUFRICHE-VALAZÉ, Eléonore, maréchal de camp, commandeur de l'ord. royal de la lég. d'honn., chev. de l'ord. royal et mil. de St-Louis, insp.-général du génie, à Strasbourg.

DUGUERS, Mlle. Louise; à Paris.

DUHAMEL, inspect. gén. au corps royal des mines, rue de Seine, n°. 39, à Paris.

DUHAMEL, chef d'escad. d'état-major et chev. de l'ord. royal et militaire de St-Louis; à Caen.

DUHAMEL-VAILLY, maire de Vaux-sur-Seulles, arrond. de Bayeux.

DUHAUVEL, écuyer et membre du collège électoral du Calvados; au Pin, près de Lisieux.

DUJARDIN, agent d'affaires à Rouen.

DUMELLET, maire de la ville d'Evreux.

DUMÉRIL, C., prof. à la faculté de méd., memb. de l'acad. royale des sciences et de la société philomat. de Paris, rue du faub. Poissonnière, n°. 3, à Paris.

DUMESNIL, Alexis; à Caen.

DUMESNILDOT père, ancien cap. de cavalerie, memb. du collége élect. et du conseil-gén. du dépt. de la Manche; à Valognes.

DUMESNIL-DUBISSON, Charles, président du tribunal de comm. de terre et de mer de la ville de Caen, et memb. du coll. élect. du dépt. du Calvados.

DUPARD, Ferdinand, propriétaire à Vieux-Pont, arrond. de Lisieux.

DUPERRÉ-FEUGROLLES, propriétaire, rue St.-Antoine, à Paris.

DUPONT-DE-NEMOURS, conseiller-d'état, memb. de l'acad. royale des inscript. et belles-lettres, des sociétés royale et centrale d'agricult. et d'encourag. pour l'indust. nation.; rue de Surenne, n°. 23, à Paris.

DUPONT-LONGRAIS, avocat près la Cour royale de Caen.

DUPRAT, le chev., commissaire ordonn. de la 14e. divis. milit.; à Caen. 2 médailles.

DURAND, conserv. des eaux et forêts; à Metz.

DURAND, de Caen, J. C. L., doct. en méd.; rue des Maçons Sorbonne, n°. 12, à Paris.

DURAND fils, négoc. et memb. du coll. élect. du dépt. du Calvados; à Vire.

DURAND, Michel-Auguste, négociant à Vire.

DURAND, François-Adel-Marie, négociant à Vire.

DUREAU-DE-LAMALLE, corresp. de l'acad. royale des inscript. et belles-lettres, des acad. de Turin et de Naples; rue Louis-le-Grand, à Paris.

DUROCHER, Noël, chef d'escad., chev. de l'ord. royal et milit. de St-Louis, memb. du conseil-gén. du dépt. du Calvados, à Vire.

DUROSEY, doct. en méd. à Lisieux, et méd. des épidém. de l'arrondissement.

DUTENS, ingén. en chef, des ponts et chauss., chev. de l'ordre de la légion d'honn.; corresp. de la société physiq. et d'hist. natur. de Genève, de la société d'émulation de Rouen; à Paris.

DUTRAMBLAY, direct.-gén. de la caisse d'amortiss.; rue de l'Oratoire, à Paris.

DUTRESOR, sous-préfet de l'arrond. de Valognes.

DUVAL, memb. des anciens coll. et acad. de chirurg. et de méd. de la faculté de Paris; place Royale, à Paris.

DUVAL, Alexandre, memb. de l'acad. franç.; à l'Odéon, à Paris.
DUVAL-VAUTIER, Md. de drap, et juge au trib. de commerce de Caen.
DUVANT, Pfistre, notaire royal à Caen.
ECRAMMEVILLE, le baron d', chev. de l'ord. royal du mérite milit., à Paris.
EGAULT, ingén. des ponts et chauss., chev. de l'ordre royal de la légion d'honn.; place Royale, à Paris.
EGVILLY, d', maître-d'hôtel du Roi; à Paris.
ELOUIS, Henri, conserv. du musée et prof. de l'école publique de dessin de la ville de Caen.
EMIÉVILLE, Paul Leboucher d', memb. de coll. élect. du Calvados et du conseil munic. de Caen.
ÉPOIGNY, Adolphe, négoc. à Rouen.
ERNOUF, le comte, lieuten.-gén., memb. de la chambre des députés, command. la 3e. divis. milit., grand officier de l'ord. royal de la légion d'honn., et chev. de l'ord. royal et milit. de St-Louis; à Metz.
ESTAMPES, le comte d'; rue St.-Honoré, à Paris.
EYRIES, J. B. B., naturaliste; rue de Bourbon-Villeneuve, n°. 17, à Paris.
FAIVRE-PIERRET, graveur à Caen.
FAJOL, manufacturier à Vire.
FAUCHAT, chev. de l'ordre royal de la légion d'honn. et chef de division au ministère de l'intér.; à Paris.
FAUCILLON-FERRIÈRE, F. A., conseiller de préfect. du Calvados, correspond. de la société d'agricult. et de commerce de Caen.
FAUCONNIER l'aîné, pharmacien et memb. de la société de médecine, à Caen.
FAUVILLE, Louis, propriét. à Navarre, commune de Beneauville-la-Campagne, arrond. de Caen.
FERAUD, chevalier de l'ordre royal et milit. de St-Louis et de la légion d'honn., ancien inspect. de la 14e. div. milit. à Caen. 2 médailles.
FERET-DULONGBOIS, Henri-Jacques-Prosper, memb. du coll. élect. du Calvados; à Bayeux.
FEREY, Pierre, memb. du coll. élect. du dépt. du Calvados; à Lisieux.
FEUILLET, adjoint au bibliothécaire de l'inst. de France et memb. de la société philotechnique; rue de Sorbonne, à Paris.

Filhot-de-Marans, corresp. de la société royale et et centrale d'agricult., et memb. de la chambre des députés; à Bordeaux.

Fiquet, Jean-Joseph, ancien direct. du dépôt de mend. du dépt. du Calvados; à Vire.

Flaubert, chirurg. en chef de l'Hôtel-Dieu de Rouen, et memb. de l'acad. des sciences de cette ville.

Flaust, P. M. J. B., memb. du coll. élect. du Calvados et de la société d'agricult. et de comm. de Caen; à St-Sever.

Fleury, père, Jacques-Louis, maire de Beuvron et memb. du coll. élect. du Calvados.

Folleville, Louis, memb. de la chambre des députés, du coll. élect. et du conseil-gén. du dépt. du Calvados; au château de Mervilly à la Vespière, près Orbec.

Folleville, Isidore, capit. de caval., memb. du coll. élect. du Calvados; au château de la Motte à Acqueville, près Falaise.

Folleville, le Sens de, Robert-Amand, 1er. président de la Cour royale d'Amiens.

Fontaine, P. F. L., architecte, et memb. de l'acad. des beaux arts, rue de l'Oratoire, n°. 4, à Paris.

Fontette, le baron Emmanuel d'Orceau de, maître des requêtes honoraire au conseil d'état, memb. du cons. municip. de Caen et du coll. élect. du Calvados.

Fontette, Emmanuel de, le jeune, à Caen.

Forlenze, prof. des maladies des yeux, chirurg.-ocul. des lycées, des hôpitaux milit. et des établissemens de bienfaisance du royaume, rue des Sts. Pères, n°. 8, à Paris.

Foubert, memb. du coll. élect. du Calvados et correspond. de la société d'agricult. et de commerce de Caen; à Honfleur.

Foubert de Laize, présid. du trib. civil de Lisieux et memb. du coll. élect. du Calvados.

Fouché, direct. de la maison de détention de Beaulieu; à la Maladrerie près Caen.

Fouchecourt, le comte Auguste de, chevalier de l'ordre royal et militaire de St-Louis, ancien command. du bataillon des gardes à pied pour le Calvados, et membre du conseil d'arrond. de Caen; à Guillerville.

Fouquet, Armand, Pierre-Nicolas, recev. des domaines et de l'enregistrement; à Falaise.

Fourier, rue St-Lazare, n°. 14, à Paris.

Fourneaux, correspond. de la société d'agricult. et de commerce de Caen et adj. du maire de Grentheville près Caen.

Fournier, épicier à Rouen.

Fournier de Percay, doct. en méd., secrét. du conseil de santé près le ministre de la guerre, rue Hillerin-Bertin, n°. 11, à Paris.

Fournier, chef de bataillon dans la légion du Calvados, et memb. de l'ordre royal de la légion d'honneur.

Franqueville, feu M. Subtil de, maire de Bellengreville près Caen et memb. du coll. élect. du Calvados.

Frémond de Peufli, inspect. de douanes à Caen.

Frère, libraire à Rouen.

Frestel, conseiller à la Cour des comptes, rue Chabanais, n°. 1, à Paris.

Fribois, Henri-Jean-Baptiste-Armand de, chevalier de l'ordre royal et milit. de St-Louis et ancien chef d'escadron; à Caen.

Fribois, Joseph de, memb. du coll. élect. du Calvados et maire de Rupierre, arrond. de Pont-l'Evêque.

Frillay, pharmacien à Caen.

Fryardel, Lebas de, memb. du conseil-gén. et du coll. élect. du Calvados, correspond. de la société d'agricult. et de comm. de Caen; à Lisieux.

Gabon, libraire, place de l'Ecole de méd., à Paris.

Gadbois, peintre, rue de M. le Prince, n°. 10, à Paris.

Gaillon, vérificat. des douanes; à Dieppe. 2 médailles.

Galeron de l'Aigle, Frédéric, élève en droit, à Caen.

Garat, le comte, ancien memb. de l'acad. française, rue N. D. des Champs, n°. 3, à Paris.

Garat, ancien négociant, à Cadix, place du Louvre, n°. 12, à Paris.

Gardin de Classé, sous-inspect. des douanes à Caen.

Garnier de Lacour, conseiller à la Cour des comptes à Paris.

Garselles, mad°. Stapleton de, rue et hôtel Baillif, à Paris.

Gasville, le marquis de, M^e. des requêtes et préfet du dépt. de l'Eure; à Evreux.

GAUTIER, Samuel, artiste mécanicien, à Caen.
GAUTHIER, L., rue de Grenelle-St-Honoré, n°. 50, à Paris.
GAVOTY, le chevalier de, march. de camp, command. le dépt. du Calvados.
GÉNAS-DUHOMME, Marc-Antoine, sous-préfet de l'arrond. de Bayeux, memb. du coll. élect. du Calvados et correspond. de la société d'agricult. et de comm. de Caen.
GEOFFROY DE ST-HILAIRE, le chevalier, memb. de l'acad. des sciences et de la société philomatique de Paris, administ. et prof. de zoologie au Jardin du Roi, à Paris.
GERMINY, le comte Antoine Lebègue de, chef de légion de la garde nation. de l'arrond. de Bayeux et memb. du coll. élect. du Calvados; à Bayeux.
GERVAIS, direct. des contrib. du dépt. de la Manche; à St-Lo.
GERVILLE, le Herisier de, memb. du conseil général du dépt. de la Manche, correspond. de l'acad. et de la société d'agricult. et de comm. de Caen, et de la société acad. de Cherbourg; à Valognes.
GILLET DE LAUMONT, associé libre de l'acad. royale des sciences, doyen des inspect.-gén. au corps royal des mines et memb. de la société d'encourag. pour l'indust. nation.; rue de Verneuil, n°. 51, à Paris.
GILLOTIN, Louis-Henri, recev. des finances de l'arrond. de Pont-l'Evêque.
GIMAT, Pierre, préposé aux archives, et secrét. du conseil de préfect. du dépt. du Calvados; à Caen.
GINGUENÉ, P. L., memb. de l'acad. royale des inscript. et belles-lettres, rue du Cherche-Midi, n°. 19, à Paris.
GIRARD le jeune, avoué près le trib. civil de Lisieux.
GIRARD, R. S., de Caen, ingén. en chef au corps royal des ponts et chaussées, direct. du canal de l'Ourcq et des eaux de Paris, memb. de l'acad. des sciences et de l'instit. d'Egypte, correspond. de l'acad. et de la société d'agricult. et de comm. de Caen, rue des Quatre-Fils, n°. 8, à Paris.
GIRARD, directeur de l'école vétérinaire d'Alfort et memb. de la société royale et centrale d'agricult.; à Alfort.

GOBERT, profess. au collége royal de Henri IV ; à Paris.
GODARD, Jacques-Marie-Césaire, avoué au trib. de 1re. instance, à Caen.
GODARD, épicier à Caen.
GODARD, Pierre-François, grav. et libraire ; à Alençon.
GODEFROY, médecin des salles milit. de l'Hôtel-Dieu, profess. de clinique interne du cours médical de l'école de méd. de Caen ; memb. de l'acad. et de la société de médecine de cette ville.
GODEFROY, fabricant de bas, memb. de la chamb. consultative des manufact., arts et métiers, et ancien juge du tribunal de commerce de Caen.
GODEFROY, capit. dans la légion du Calvados et memb. de l'ordre royal de la légion d'honneur.
GODEFROY, Denis-Charles, secrét. particul. de M. de Bertier, préfet du dépt. de l'Isère ; à Grenoble.
GODEFROY, Adrien, graveur, rue des Francs Bourgeois St-Michel, n°. 3 ; à Paris.
GODET-DE-THUILEY, le chev , de l'ord. royal et milit. de St-Louis, capit. au 5e. régim. d'infant. de la garde royale.
GORDON, Henri, capitaine de vaisseau ; de S. M. Britannique ; à Caen.
GOSSELIN, memb. de l'acad. royale des inscrip. et belles-lettres, rue et arcade Colbert, n°. 6, à Paris.
GOSSELIN, Gilles, négociant, et ancien juge du trib. de commerce de Caen.
GOSSELIN, notaire royal à St-Lo.
GOUPIL, J. F. memb. du collége élect. du Calvados ; à Honfleur.
GOURIEFF, conseiller de collége au service de Sa M. l'Emp. de Russie ; et memb. de la société d'encourag. pour l'indust. nation. de France. 2 médailles.
GOUVILLE, chef de bataillon au corps royal du génie.
GOUVION, rue de Bondy, n°. 19, à Paris.
GRAINVILLE, Piquelin de, conseiller municipal de Caen et memb. du coll. élect. du Calvados.
GRANDIN, F., ingén. au corps royal des mines à Bayeux. 2 médailles.
GRATIOT, imprim., rue St-Jacques, près celle des Mathurins, à Paris.
GRENOUVILLE, Louis de, élève au collége de Louis le Grand ; à Paris.

Grimouville, L.-G.-N., memb. du collége élect. du dépt. du Calvados et maire de Bazenville, arrond. de Bayeux.

Grippon, comte de Spallières, chevalier de la légion d'honneur, ancien mousquetaire de la garde du Roi, à Paris.

Guépard, chev. de l'ordre royal et milit. de St-Louis et de l'ordre de la légion d'honn., ancien colonel du 35º. de ligne ; à Caen.

Guérin de Caen, chev. de l'ordre de la légion d'honn., capit. command. au corps de l'artill. régiment à pied, de Metz.

Guérin, le Révérend, près Taunton, comté de Somerset en Angleterre.

Guéroult, le chevalier de, capit. de la garde nationale de Caen.

Guilbert, Germain-Regnobert, prêtre, ancien curé de Vaux-sur-Seulles ; à Caen.

Guilbert, François, négociant à Caen.

Guilbert, Urbain, avocat et juge suppléant, à Caen.

Guillard de Senainville, agent général de la société d'encourag. pour l'indust. nationale, rue du Bac, nº. 34, à Paris.

Guillot, fabric. de papier, rue Duphot, à Paris.

Guilmot, commissaire des guerres à Paris.

Guivoye, de, commis. des guerres, attaché à la cavalerie de la garde royale.

Guizot, chef adjoint à l'administ. gén. et police administrative du ministère de l'intérieur.

Halbique, pharmacien à Caen.

Hallé, le chev., professeur à l'école de médecine de Paris et memb. de l'acad. des sciences, rue Pierre-Sarrazin, nº. 10, à Paris.

Hamel, docteur en médecine de la faculté de Paris, rue des Fossés-Montmartre, nº. 17, à Paris.

Hamelin, le baron, Jacques-Félix-Emmanuel, contre-amiral, command. de l'ord. royal de la lég. d'honn., chev. de l'ord. royal et milit. de St-Louis ; rue du faub. Poissonnière, nº. 56, à Paris.

Hammond, Jonh, propriétaire à Jersey.

Harivel, juge de paix de l'arrond. Nord de la ville de Caen.

Harou-Romain, architecte en chef de la ville de Caen et du dépt. du Calvados.

Hautefeuille, le comte Charles d', memb. de la chambre des députés, colonel chef de l'état-maj. de la 14°. div. milit. et memb. de la soc. d'ag. et de com. de Caen.

Hautefeuille, le chev. Eugène d', colonel des dragons du Calvados.

Haüy, l'abbé, memb. de l'acad. des sciences et professeur de minéralogie; au jardin du Roi, à Paris.

Hébert, maire de la commune d'If près Caen, correspond. de la société d'ag. et de comm. de cette ville.

Hébert, conservat. de la bibliot. publiq. et vice-secrét. de l'acad. des sciences, etc., de la ville de Caen.

Hélie, avocat à Caen.

Herbouville, le marq. de, ancien direct.-général des postes de France, et correspond. de la société d'agricult. et de commerce de Caen; à Paris.

Héricard, Ferrand de Thury, le vicomte, maître des requêtes, colon. de la ix°. légion de la garde nat. de Paris, ingén. au corps royal des mines et inspect. des travaux-souterrains de Paris.

Héricy, Mme. la vicomtesse d', née d'Anneville-Chiffrevast, à Caen.

Héricy, le marquis Casimir d', à Caen.

Héricy, le comte Alfred d', chef de bat. attaché à l'état-major-général de la 1re. divis. militaire; à Paris.

Héron de Villefosse, maître des requêtes, insp. divisionnaire des mines, associé libre de l'acad. des sciences; à Paris.

Hérou, Huillard d', inspect. de la librairie, memb. du coll. élect. du Calvados et correspond. de la société d'agricult. et de comm. de Caen; rue de Seine-St-Germain, à Paris.

Herval, Jean-Charles-Antoine, écuyer et maire de de Vazouy, arrond. de Pont-l'Évêque.

Hervieu, l'abbé, aumônier au corps royal d'artill. à chev. de la garde royale, rue St-Claude, n°. 7, à Paris.

Hervieu, Jean-Louis-François, prêtre et principal du collége de Falaise.

Hervieu-Duclos, négociant-armateur, memb. de la chambre de navigation de Caen, et vice-consul de S. M. le Roi de Prusse.

Hombres-Firmas, le chev. d', correspond. de la société d'agricult. de Paris et de plusieurs autres sociétés savantes ; à Alais, dépt. du Gard.

Hottot, Héroult de, memb. du coll. élect. du Calvados, de la chambre des députés, et maire de Mondeville près Caen.

Houdetot, le comte de, lieutenant-général des armées du Roi, petite rue Verte, à Paris.

Houdetot, le vicomte Henri de, ancien préfet du Calvados, rue St-Lazare, n°. 76, à Paris. 3 médailles.

Houel, Louis-Nicolas, memb. de la société d'argricult. et de commerce de Caen ; à Than près de cette ville.

Houel, Juste, avocat à Rouen et membre de la société d'émulation de cette ville.

Houssaye, conseiller à la Cour royale de Caen.

Housset de Catteville, à Bavent, arrond. de Caen.

Huchedé, Mlle. Joséphine, rue des Filles-St-Thomas, à Paris.

Huilard-Daignaux, Charles-Louis, memb. du collége élect. du Calvados et maire de la ville de Vire.

Humbert de Sesmaisons, le comte, ancien memb. de la chambre des députés.

Humblot-Conté, rue de Grenelle-St-Germain, n°. 42, à Paris.

Humboldt, le baron Alexandre de, de l'académie des sciences, quai Malaquais, n°. 3, à Paris.

Huzard, Jean-Baptiste, inspect.-gén. des écoles vétérin. de France, memb. de l'acad. royale des sciences, de la société d'agricult. de Paris et correspond. de celle d'agricult. et de comm. de Caen, rue de l'Eprou, n°. 7, à Paris.

Isabelle, Pierre, secrétaire en chef de la mairie et du bureau de bienfaisance de la ville de Caen.

Jacob, de Rheims.

Jacquet, ancien vérificat. en chef du cadastre dans le dépt. du Calvados ; à Caen.

Jacquet, docteur en médecine ; à Paris.

Jalus, conseiller à la Cour d'Amiens.

Jame, Victor, négociant à Caen.

Jardin aîné, négociant, rue Coquillière, n°. 29, à Paris.

Jean Pierre, conservateur des hypothèq., à Alençon.

Jersey, Charles de, avocat à Guernesey.

JOLLOIS, secrét. de la commission d'Egypte; à Paris.

JOMARD, le chevalier, commiss. du gouvernem. près la commiss. d'Egypte et memb. de la société pour l'instruc. élément., rue de Bourgogne, n°. 28, à Paris.

JORET DES CLOSIÈRES, Louis-Aimé, avocat à Bayeux.

JOUET, Charles, memb. du coll. élect. du Calvados et maire de Tailleville, arrond de Caen.

JOURDAN, notaire royal à Caen.

JOVIN, madᵉ. Eugénie, née Cressot; rue Pavée, n°. 3, au Marais à Paris.

JOYAU, avocat à la Cour et capit. des chasseurs de la garde nation. de Caen, memb. de la société d'agriculture et de commerce de cette ville.

JUIGNÉ, Léon de, colonel commandant la légion de la Seine.

JULLIEN, M. A. inspecteur aux revues, à Paris.

JULLIENNE, Marc-Antoine, memb. du coll élect. du Calvados, à Vieux-Pont, arrond. de Lisieux.

KER, Jacques, écuyer, capitaine aux gris écossais; à Edembourg.

KERGORLAY, le comte de, rue de Grenelle-St-Germain, à Paris.

LABARTE, avoué au tribunal de 1ʳᵉ. instance, rue des Bons-Enfans, n°. 21, à Paris.

LABARTHE, le chevalier de, secrét. de la chambre et du cabinet du Roi, 1ᵉʳ. aide de camp de M. le duc d'Aumont; à l'hôtel d'Aumont à Paris.

LABBÉ, maire de Viroflée et memb. de la société d'agricult. de Paris; à Viroflée près Versailles.

LABBEY, Louis, élève du collége royal de Caen.

LABBEY DE DRUVAL, grand prévôt de la Cour prévôtale du Calvados, chev. de St-Louis, décoré de l'ordre du Croissant; à Caen.

LABBEY DE LAROQUE, memb. du coll. élect. du Calvados, du conseil municipal de Caen, associé de l'acad. des sciences de cette ville et ancien membre de la chambre des députés.

LABBEY D'HEROUSSARD, madᵉ.; à St-Jouin près Dozulé.

LABBEY, Frédéric de, maire de Falaise, chef d'escad., chev. de l'ordre royal et milit. de St-Louis et memb. du collége électoral du Calvados.

LABEDOYÈRE, le comte Henri de, officier des gardes

du corps, rue St-Dominique, n°. 57, à Paris.

LABELINAYE, Jean-Marie, vicomte de, chev. de St-Louis, ancien capit. de caval., recev.-particulier des finances de l'arrondissement de Falaise.

LABEY, S. B., profess. de mathémat. transcendantes, correspond. de l'académie des sciences de Caen; rue Haute-Feuille, n°. 30, à Paris.

LABORDE, le comte Alexandre de, maître des requêtes honoraire, memb. de l'acad. des inscrip. et belles-lettres et secrét. de la société pour l'instruct. élémentaire, rue d'Artois, n°. 28, à Paris.

LABORIE, Roux de, ancien memb. de la chambre des députés, rue St-Dominique, n°. 30, à Paris.

LABOULAYE, le Boucher de, conseiller municipal de la ville de Caen.

LABROUAIZE, Revel de, conseiller à la Cour et membre de la société d'agriculture et de commerce de Caen.

LACÉPÈDE, L. G. E. T. comte de, memb. de l'acad. des sciences et profess. de zoologie au jardin du Roi, rue de Verneuil, n°. 26, à Paris.

LACHABAUSSIÈRE, de, secrét. perpétuel de la société acad. des enfans d'Apollon et de la société philotechnique, rue des Marais, à Paris.

LACHOUQUAIS, Roger de, juge audit. à la Cour de Caen.

LACLOTURE, le Corney, memb. du coll. élect. du Calvados; à Dozulé, arrondissement de Pont-l'Evêque.

LACOUDRE, Claude, prêtre, instituteur à Caen.

LACRAYE, de, commandant la garde nation. d'Evreux.

LACROIX, Jean-Baptiste-Jacques, avocat, 1er adjoint du maire d'Orbec et memb. du coll. élect. du Calvados.

LAFOSSE, docteur en méd., bachelier ès lettres, corresp. de la société d'instruction médicale de Paris; à Caen.

LAFOSSE VALLERAND, doct. en méd., ancien élève de l'école pratique, et memb. de la société d'instruct. médic. de Paris, rue du Chemin Vert, n°. 17, à Paris.

LAFRESNAYE, André de, chevalier de St-Louis, memb. du coll. élect. du Calvados, et maire d'Eraines près Falaise.

LAGRANVILLE, la Chevaudière de, Marie-Charles-Louis, chevalier de St-Louis et chef de bataillon, lieutenant de Roi au château de Caen.

LAHAYE, Louis, profes. au coll. royal de Caen.

Lahubaudière, le chevalier de, ancien colonel de la 3°. légion de gendarmerie.

Lainé, ministre et secrétaire-d'état, ayant le départ. de l'intérieur, membre de l'académie française. 50 médailles pour le ministère de l'intérieur.

Lainé, négociant, rue du Montblanc, n°. 26, à Paris.

Lair, Mm°., née Elisabeth Simon, à Caen.

Lair, Etienne-Remy, maire de Bellengreville, arrondissement de Caen.

Lair, François-Joseph, à Caen.

Lair Beauvais, commis. voyer de l'arrond. de Bayeux.

Lair, Pierre, direct. des construct. maritimes à Brest, de l'académie et de la société d'agricult. et de commerce de Caen. 6 médailles.

Lalive, de, chevalier de St-Louis, introducteur des ambassadeurs à la cour de France, rue Neuve des Mathurins, n°. 78, à Paris.

Lamare, Jean de, ancien négociant, rue des Filles-St-Thomas, n°. 7, à Paris.

Lambert, Edouard, dessinat. et employé à la sous-préfecture de Bayeux.

Lameth, le comte Charles de, lieutenant-général des armées du Roi, à Paris.

Lamotte, correspond. de la société d'agricult. et de comm. de Caen, memb. du collége élect. de l'arrondissement de Pont-l'Evêque; à Beaumont.

Lamouroux, profess. des sciences naturelles au collége et à la faculté des sciences de l'acad. de Caen, memb. de l'acad. des sciences et de la société d'agriculture et de commerce de cette ville.

Lamy, Louis-Auguste, négociant à Caen.

Lamy, ancien négociant, rue du Temple, n°. 40, à Paris.

Lance, chevalier de la légion d'hon., memb. du conseil gén. du Calvados, correspond. de la société d'agr. et de com. de Caen et direct. de la mine de houille de Littry.

Lance, Edouard, conduct. des travaux au corps royal des ponts et chaussées, vieille rue du Temple, n°. 116, à Paris.

Lancelin, juge de paix du canton de Bourguébus, arrondissement de Caen.

Landreau, capitaine dans la légion du Calvados et membre de la légion d'honneur.

LANGLÈS, conservateur et administrat. des manuscrits orientaux de la bibliothèque du Roi, memb. de l'académie des inscript. et belles-lettres, rue Neuve des Petits-Champs, n°. 12, à Paris.

LANGLOIS, Michel, Ecuyer, chev. de la légion d'hon. ci-devant fourrier des logis de la maison du Roi, et administ.-général des hôpitaux militaires à Paris.

LANGLOIS, Abel, payeur de la 14°. division militaire, memb. du conseil municipal et administrateur des hospices de la ville de Caen.

LANGLOIS, fabricant de porcelaine, à Bayeux.

LANJUINAIS, le comte, pair de France et memb. de l'acad. des inscript. et belles-lettres, rue du Bac, n°. 34, à Paris.

LAPALLU, le comte de, command. de la garde nation. du département de l'Orne.

LAPASSADE, sous-caissier de la chambre des pairs, à Paris.

LAPLACE, mad°. la comtesse de, rue de Vaugirard, n°. 51, à Paris.

LAPLACE, le comte de, pair de France, membre de l'acad. française, de l'académie des sciences, du bureau des longitudes, correspond. de l'acad. et de la société d'agriculture et de commerce de Caen.

LAPLACE, le baron de, colonel, secrétaire-général des hussards de France; à Paris.

LAPOMMERAYE, Anastase de, lieutenant-colonel, memb. du collége élect. du Calvados; à Caen.

LAPORTE, le prévôt de, ancien colonel de cavalerie, chevalier de St-Louis; à Caen.

LAPORTE, le comte de, ancien officier de cavalerie au château de Raismesnil près de Doulens.

LARIVIÈRE, Henri, avocat-gén. à la Cour de cassation, rue de l'Eperon-St-André des Arcs, n°. 10, à Paris.

LARIVIÈRE, le comte de, chevalier de St-Louis, commandant les gardes nation. de l'arrond. de Lisieux, memb. du conseil-gén. du Calvados, au château du Pré-d'Auge près Lisieux.

LARMET, docteur, chirurgien des hôpitaux militaires et memb. de la société médicale d'émulation de Paris, rue Dufour, n°. 68, faubourg St-Germain, à Paris.

LAROCHE-RAGEOT, Charles, directeur des contributions indirectes, à Caen.

LAROQUE-CAHAN, de, receveur des contributions directes du 2°. arrondissement de Caen.

LARUE, de, ingénieur des ponts et chaussées.

LASTEYRIE, le comte de, memb. de la société d'agricult. de Paris et de celle d'encourag. pour l'indust. nationale, correspond. de la société d'agricult. et de commerce de Caen, rue de la Chaise, n°. 20, à Paris.

LAUBERT, 1er. pharmacien des armées et l'un des inspect.-généraux du service de santé militaire, à Paris.

LAUDUMIER, place du Palais Royal, à Paris.

LAUGIER, professeur de chimie au jardin du Roi et correspond. de la société d'agricult. et de commerce de Caen, au jardin du Roi, à Paris.

LAUTOUR DU CHATEL, maréchal de camp des armées du Roi, rue St-Denis, à Paris.

LAVALLÉE, le chevalier de, ancien secrét.-général du Musée de peinture, à Paris.

LAVALLÉE, de, officier dans la légion de l'Orne.

LAVEINE, artiste herniaire, à Caen.

LAVIT, Jean-Baptiste-Omer, profess. de math. à l'école des beaux arts, rue Neuve St-Méry, n°. 25, à Paris.

LAYA, profess. de poésie française à l'acad. de Paris et de rhétorique au collége de Henri IV, rue St-André des Arcs.

LEBAILLY, Claude-Guillaume, chef du bureau des contributions, à la mairie de Caen.

LEBAILLY Jacques-Pierre, avocat et membre du collége électoral du Calvados; à Lisieux.

LEBAILLY, A. F. de Caen, homme de lettres, rue Poissonnière, n°. 44, à Paris.

LEBARBIER DE TINAN, Jean-Marie, inspect. aux revues, chef de division au ministère de la guerre, à Paris.

LEBARILLIER, adjoint de la commune d'Hérouville près Caen.

LEBARON DE LISLE, officier dans la garde nation. à Caen.

LEBARON-DESVÉ, négociant à Caen.

LEBART, chef de division à la préfecture du département de l'Orne, à Alençon.

LEBASTARD, Pierre, marchand de fer à Caen.

LEBIDOIS, Joseph, doct. en méd. de la faculté de Paris et chirurg. de la maison de détent. de Beaulieu, à Caen.

LEBOUCHER, Jean-Philippe, docteur en méd. à Caen,

6

membre de la société de médecine et de l'académie des sciences de cette ville.

LEBOUCHER DES LONGSPARCS, ancien président du tribunal civil de Bayeux.

LEBRET DU DÉSERT, Paul-Pascal, memb. du col. élect. du Calvados et ancien présid. du trib. civil de Lisieux.

LEBRET DE ST-MARTIN, ancien procureur du Roi de Lisieux, rue Neuve des Petits-Champs, à Paris.

LEBRUN, duc de Plaisance, G. C., de l'académie des inscript. et belles-lettres, rue de Varennes, n°. 37, faubourg St-Germain, à Paris.

LEBRUN, le duc Charles de Plaisance, place Vendôme, à Paris.

LEBRUN, architecte à Orléans.

LECANU de Caen, Pierre, professeur émérite de l'ancienne université de cette ville; à Bayeux.

LECARPENTIER BELLEMARE, membre du collége élect. du Calvados et maire de Criqueville, arrondissement de Pont-l'Evêque.

LECARPENTIER, Bruno, Olivier, négociant-armateur, à Honfleur.

LECARPENTIER L'ÉPINE, membre du collége électoral du Calvados; à Criqueville.

LECARPENTIER, peintre, professeur de l'acad. de dessin et de peinture de Rouen, membre de l'académie des sciences et de la société d'émulation de cette ville.

LECAVELIER, Frédéric, négociant à Caen. 2 médailles.

LECAVELIER, Nicolas, juge au tribunal de commerce et membre de la société d'agriculture et de commerce de Caen. 2 médailles.

LECAVELIER-PAYSANT, négociant à Caen.

LECERF, avocat, près la Cour royale, à Caen.

LECERF, Jean-Pierre-Marin, membre du collége élect. du Calvados; à Pont-l'Evêque.

LECHANTEUR, administrateur de l'hôpital de la marine, à Cherbourg.

LECHAUDÉ D'ANISY, made. Caroline, née de Clinchamp; à Caen.

LECHAUDÉ D'ANISY, Amédée, directeur du dépôt de mendicité du Calvados et correspondant de la société d'agriculture et de commerce de Caen.

LECHEVALIER, conservateur de la bibliothèque de Ste.

Geneviève et correspond. de l'acad. et de la société d'agricult. et de comm. de Caen ; au coll. de Henri IV à Paris.

Lechevalier, Gentien, chevalier de St-Louis et commandant de la garde nationale d'Honfleur.

Lechevalier, chef d'instruction, rue Culture Ste. Catherine, n°. 35, à Paris.

Lechevrel, Jean-René, médecin au Havre.

Lecointe, H., horloger à Caen.

Lecomte, marchand de bois à Caen.

Lecomte, Joseph, négociant à Caen.

Lecomte, neveu, Jean, instituteur à Paris, rue de la Vieille Estrapade, n°. 7, à Paris.

Leconte, v°. Bontemps, Mm°., rue du Temple, n°. 39, à Paris.

Lecordier, Louis-Hippolite, ancien sous-préfet de l'arrond. de Lisieux, et correspondant de la société d'agricult. et de commerce de Caen ; à Lisieux.

Lecordier, conservateur des hypoth. à Pont-l'Evêque.

Lecouteux du Molley, le baron, à Paris.

Lecoutour de la Manche, conseiller à la Cour de cassation, rue de Savoie, n°. 9, à Paris.

Lecrêne, Auguste, libraire, papetier et relieur, à Caen.

Lecreps, Abel, membre du collége élect. de l'arrond. de Caen, du conseil d'inspection du dépôt de mendicité, et officier dans la garde nation. de cette ville.

Lecreps, Chaussée, propriétaire à Bayeux.

Ledesert, Pierre-Justin, élève en médecine ; à Gouvix, arrond. de Falaise.

Lefaivre, Lebaron, colonel de la 3°. légion de gendarmerie royale, à Caen.

Lefèvre, commissionnaire de roulage et fourgons accélérés, à Caen, rue St-Jean, n°. 159, et à Paris, rue Meslée, n°. 65.

Lefèvre, Robert, peintre de la chambre et du cabinet du Roi, memb. des sociétés philotechnique et académique des enfans d'Apollon, quai d'Orsai, n°. 3, à Paris.

Leformentier, Omer-François, receveur des finances de l'arrond. de Cognac.

Lefournier, maire de Condé-sur-Noireau, et membre du conseil-général du Calvados.

Lefrançais, lieutenant-colonel au corps d'artillerie,

officier de la légion d'honneur, chef de l'état-major de l'école régimentaire d'artillerie ; à Metz.

LEFRANÇAIS DE LALANDE, membre de l'acad. des sciences et du bureau des longitudes, rue de la Harpe, n°. 102, à Paris.

LEFRANÇOIS, Mm°. veuve et fils, négocians à Caen.

LEGAGNEUR, capitaine commandant au corps d'artill. régiment à pied de Metz, chev. de la lég. d'honneur.

LEGAIGNEUR, Jean, associé correspondant de l'académie des sciences, etc. de Caen.

LEGENDRE, le chev., memb. de l'acad. des sciences et du bureau des longit., r. St-Dominique, n°. 29, à Paris.

LEGUAY, procureur du Roi près le tribunal de 1re. instance de la ville de Caen.

LEGUAY, ingénieur des ponts et chaussées, à Bayeux.

LEHARDELAY, David, memb. du cons. munic. de Caen.

LEHARIBEL, Jean-François, fab. de chandelle à Caen.

LEHIEULLE, conseiller à la Cour de Caen et membre de l'académie des sciences, etc. de cette ville.

LEJEUNE, Sébastien Bideaux, marchand de vin à Caen.

LEJOLIS-DEVILLIERS, conseiller de préfecture du département de la Manche ; à St-Lo.

LELAIDIER, secrétaire-général de la faculté de droit et de l'académie royale de Caen.

LELIÈVRE DE LAMORINIÈRE, direct. des postes à Vannes.

LÉLU, avocat à Bayeux.

LEMACHOIS, Alexandre, négociant à Caen.

LEMAIRE, sous-inspecteur aux revues à Caen.

LEMAIRE, chef de bureau à la préfect. de la Seine, à Paris.

LEMAITRE, Charles, secrétaire-général de la préfecture du Calvados, et membre de la société d'agriculture et de commerce de Caen.

LEMAITRE, avocat, archiviste de la préfecture de police à Paris.

LEMARCHAND DE BAGUEVILLE, François-Martial, propriétaire, rue St-Anne, n°. 63, à Paris.

LEMARCHAND, capitaine des grenadiers de la légion du Calvados et membre de la légion d'honneur.

LEMARESCAL, Mlle., fabric. de dentelles à Caen.

LEMAZURIER, Pierre-David, membre de la société philotechnique, rue d'Angiviliers, n°. 2, à Paris.

LIMENUET, le baron, commandant de la légion d'honneur, premier président de la Cour et membre de l'académie des sciences, etc. de la ville de Caen.

LEMERCHIER, médecin et memb. de l'acad. d'Amiens.

LEMERCIER, Louis-Népomucène, memb. de l'académie française, rue Neuve des Mathurins, n°. 7, à Paris.

LEMOINE, avocat et juge suppléant à Lisieux.

LEMOINE-D'ESSOIES, officier de l'université, chef de l'instit. polytechnique, rue Neuve de Berry, à Paris.

LEMONNIER, ancien direct. de la manufact. des Gobelins et memb. de la société philotechnique, à Paris.

LEMONTEY de Lyon, Pierre-Edouard, homme de lettres; à Paris.

LEMORE, receveur principal des douanes à Caen et membre du conseil municipal de cette ville.

LEMOYNE, receveur des hospices et membre de la société d'émulation de Rouen.

LENORMAND, Sébastien-Réné, à Vire.

LENORMAND DE VIETTE, Jean-François-Urbain, memb. du coll. élect. du Calvados; à Mathieu près Caen.

LENORMAND DE VIETTE, Charles, vérificateur des douanes à Caen.

LENORMANT, imprimeur-libraire, rue de Seine, n°. 8, à Paris.

LENTAIGNE, Paul-Michel, avocat à la Cour de Caen et maire de Feuguerolles-sur-Orne.

LEPAGE, Auguste, inspecteur des contributions indirectes à Dieppe.

LEPAGE, l'abbé Victor, gouverneur de MM. de Luynes et de Chevreuse; à Paris.

LEPAGE, Frédéric, propriétaire, à Caen.

LEPELLETIER, François, commissaire-priseur à Caen.

LEPELTIER, François, propriétaire du journal du Calvados, à Caen.

LEPÈRE, inspect. divisionn. des ponts et chaussées, membre de l'institut d'Egypte et correspond. de l'acad. et de la société d'agricult. et de commerce de Caen, rue du Bac, n°. 112, à Paris.

LEPETIT, Jean-Baptiste, pharmacien à Paris.

LEPRÊTRE, Charles, avocat et conseiller de préfecture du Calvados, à Caen.

LEPRÊTRE, président de l'acad. des sciences de Caen et membre de plusieurs sociétés littéraires.

Leprévost, à Rouen, membre de l'acad. des sciences de cette ville.

Leprovost-d'Iray, inspecteur-général des études dans l'université ; à Paris.

Lequeru, docteur de la faculté de médecine de Paris, et vice-président de la société de médecine de Caen.

Lerat, juge honoraire du tribunal civil de Lisieux.

Leroux, J. J., doyen de la faculté de médecine de Paris.

Leroy, imprimeur du Roi, à Caen.

Leroy, directeur des postes, à Cherbourg.

Lesauvage, docteur en chirurgie à Caen, membre de l'acad. des sciences arts et belles-lettres, des sociétés d'agricult. et de comm. et de médecine de cette ville.

Lescaille, Jean-Louis-Hyacinthe, ingénieur en chef des ponts et chaussées du dépt. de l'Eure, correspond. de l'acad. des sciences, et de la société d'agriculture et de commerce de Caen ; à Evreux.

Lesecq, chef de bataillon du génie, chevalier de St-Louis, et officier de la légion d'honneur ; à Caen.

Lesénécal, Georges, maréchal de camp ; à Curcy près Harcourt.

Lesourd, régiss. de la manufacture des tabacs, à Paris.

Lespagnol, Nicolas, commandant d'artillerie, à Caen.

Letelier, Nicolas, memb. du conseil municip. de Caen.

Letelier de Vauville, Michel-Jean, chevalier de St-Louis et membre de la légion d'honneur, à Caen.

Letertre, Julien, avocat, associé correspondant de l'acamie des sciences, etc. de Caen, et de la société académique de Cherbourg, auteur de l'ouvrage intitulé : Choix des poésies de Malherbe. (1)

Letort-d'Anneville, ancien directeur de l'académie de Rouen ; à Valognes.

Létot, avocat, juge-suppléant au trib. civil de Bayeux.

Letourneur, direct. de l'enreg. et des domaines à Caen.

Lévaillant, Frédéric, à Caen.

Levardois, Jacques-Louis, avoué près le tribunal civil de 1re. instance, à Caen.

Levéel, François-Louis-Isidor, membre du collége électoral du Calvados ; à Mosles, arrond. de Bayeux.

---

(1) Cet ouvrage, précédé de l'éloge de Malherbe et accompagné de remarques, se trouve à Caen, chez Poisson. Prix 1 fr.

Lévesque, Amand, prof. de mathém. au coll. de Caen.
Lévesque, capitaine dans la légion du Calvados.
L'Hermitte, substitut du procureur du Roi près le tribunal de 1re. instance de la ville de Caen.
L'Heure, receveur des impositions à Lisieux.
Liesville, Frigoult de, propriétaire à Houesville, près Carentan.
Limare, madame, née Louise-Caroline Bonvoisin, entreposeur des tabacs, à Caen.
Lion-du-Montry, maire de la ville d'Honfleur.
Lion, Pascal, ancien curé de la ville d'Honfleur.
Litry, le marquis Dubois de, membre du collége électoral du Calvados; à Bayeux.
Livry, le marquis Etienne de, chef d'escad. dans les hussards de Vaucluse, memb. du coll. élect. du Calvados, et corresp. de la société d'agric. et de comm. de Caen.
Logette, F., négoc., rue de Richelieu, n°. 95, à Paris.
Logivière, Lenteigne de, membre du collége électoral du Calvados, ancien maire de Caen et membre de la société d'agricult. et de comm. de cette ville.
Loiseleur, memb. de la société d'émulation de Rouen.
Loliot, vérificateur des douanes, rue Basse des Ursins, n°. 21, en la Cité, à Paris.
Londe l'aîné, Jean Baptiste-Augustin, memb. du collége élect. du Calvados, adjoint au maire de Putot-en-Auge.
Londe, Constant, propriétaire à *idem*.
Longuet, docteur médecin de la faculté de Paris; à Argences, arrondissement de Caen.
Longueville, Richard-Aimé-Marc, chevalier de, maire de Castillon, membre du conseil d'arrondissement de Bayeux et du collége électoral du Calvados.
Loppinot, le comte de, colonel de la légion du Calvados, chevalier de St-Louis.
Loriot, président de la chambre des avoués du tribunal de 1re. instance de Caen.
Loriot, Joseph-Pierre-Jean-Charles, juge de paix de la 1re. division de Falaise, et membre du collége électoral du Calvados; à Falaise.
Lormerie, de, membre de la société d'agriculture de Paris, place Royale, n°. 10, à Paris.
Lowe, Joseph, homme de lettres, à Caen.
Luard, docteur médecin, à Honfleur.

Lucas, Jean-André-Henri, professeur de minéralogie à l'Athénée de Paris, agent de l'institut de France; au jardin du Roi.

Lusignan, de, aide-de-camp de M. le comte Charles de Polignac; à Evreux.

Macaire, notaire royal à Caen.

Magendie, médecin et membre de la société philomatique, à Paris.

Magny, Picot de, chevalier de St-Louis, à Caen.

Maillard, médecin en chef des armées, rue et Hôtel-Bourbon, à Paris.

Malartic, Alphonse de, maître-des-requêtes, rue Taranne, à Paris.

Malherbe, mad°., Jeanne-Louise Patry de, à Bayeux.

Malherbe, de, propriétaire à Bayeux.

Malherbe, François-Auguste de, écuyer, officier dans la garde nationale de Caen.

Malherbe, Louis-Maximilien-François de, maire de Mouen près Caen, memb. du coll. élect. du Calvados et correspond. de l'acad. des sciences de Caen.

Malherbe, de, propriét. à Escures, arrond. de Falaise.

Malherbe, de, censeur royal honoraire; à Paris.

Malherbe, de, inspecteur des lignes télégraphiques, rue de l'Université, à Paris. 5 médailles.

Malingre, employé à la bibliothèque du Roi, rue des Mathurins, n°. 22, à Paris.

Mallet, mad°. la baronne Julie Houel de Caen, rue du Montblanc, n°. 13, à Paris.

Mallet, négociant à Amiens.

Mallevel, profess. au coll. de Louis le Grand, à Paris.

Malmontet, chef du bureau des ponts et chaussées du dépt. de la Seine, rue Caumartin, n°. 20, à Paris.

Malte-Brun, homme de lettres, rue Christine, à Paris.

Manchon, mad°. V°., fabric. de dentelles à Caen.

Mangneville, Henri de, maire d'Hérouville près Caen, memb. du coll. élect. du Calvados, de l'acad. des sciences et de la société d'agricult. et de comm. de Caen.

Mannoury l'aîné, libraire à Caen.

Mannoury le jeune, P. G. libraire à Caen.

Mannoury-d'Ector, le marquis de, membre du collège élect. de l'Orne, chev. de la lég. d'honn., et corresp. de la société d'agric. et de comm. de Caen; à Argentan.

Mannoury-Lacour père, Pierre, ancien président du tribunal de commerce et membre de la société d'agriculture et de commerce de Caen.

Mannoury-Lacour fils, Pierre, juge au tribunal de commerce et membre de la chambre consultative des manufactures, arts et métiers de Caen.

Mannoury-Lacour, Jacques-Fréderic, le jeune, négociant à Caen.

Maransin, le baron de, lieutenant-général, à Lourde.

Marc, Hippolite-Pierre-François, avocat, doyen et professeur à la faculté de droit de l'académie de Caen, ancien conseiller de préfecture du Calvados.

Marc, correspond. de la société d'agricult. et de comm. et membre du collége électoral de l'arrond. de Caen.

Marc, docteur en médecine, membre du conseil de salubrité, directeur des secours publics pour les asphixiés et les noyés, rue Coquillière, n°. 25, à Paris.

Marchais, le chevalier de, rue Duphot, n°. 19, à Paris. 2 médailles.

Marchangy, avocat du Roi près le tribunal de 1re instance, Vieille rue du Temple, à Paris.

Marescot père, Augustin, juge de paix de l'arrondissement Sud de Caen.

Marescot fils, Jacques-Marie, membre de la société d'agriculture et de commerce de Caen.

Marguerye, de, chevalier de St-Louis, membre du collége électoral du Calvados et maire de Ste-Marguerite-des-Loges près de Livarot.

Marie, Bénédic-Olivier-Laurent, propriétaire à Caen.

Marinville, le baron de, à Paris.

Marquis, professeur de botanique à Rouen, secrétaire de correspondance de la société d'émulation et membre de l'académie des sciences de cette ville, correspond. de la société d'agricult. et de comm. de Caen.

Marron, présid. du consistoire de l'église réformée de Paris, correspondant de l'académie des sciences de Caen, de l'institut d'Hollande, etc.; rue des Fossés-Montmartre, n°. 14, à Paris.

Martin, doct. en méd°., rue de Condé, n°. 12, à Paris.

Martin-d'Affigny, docteur en médecine à Rouen.

Martineau, banquier et capitaine de la garde nationale, rue Chapon, n°. 11, à Paris.

Massiac, le marquis de, à Paris.

Mathan, le marquis de, pair de France, inspecteur de cavalerie, membre du coll. élect. du Calvados, de la société d'agricult. et de commerce de Caen. 3 médailles.

Mathan, le baron Louis-Hue de, chef de bataillon, officier des cent-suisses.

Mauger, ancien officier du génie, et correspondant de la société d'agriculture et de commerce de Caen; à Paris.

Maugras, Jean-Baptiste, professeur de philosophie au collége de Louis le Grand, à Paris.

Maupassant, Louis-François, directeur des contributions directes du département du Calvados, à Caen.

Mazier, Jacques-Georges-Gilles, membre du collége élect. du dépt. du Calvados; à St-Pierre-sur-Dives.

Méchin, Alexandre-Edme, le baron, officier de la légion d'honneur, correspondant de l'académie des sciences et de la société d'agriculture et de commerce de Caen, rue du faubourg Poissonnière, n°. 32, à Paris.

Mellinet, ancien adjudant-commandant et sous-inspecteur aux revues.

Mellinet, sous-lieutenant dans la légion de l'Orne.

Ménage de Pressigny, ancien officier d'artillerie, rue du Bac, n°. 33, à Paris.

Mends, Sir Robert, cap. de vaisseau de S. M. Britannique, et chev. de l'ord. d'Espagne de Charles III, à Caen.

Mériel, maître de poste à St-Lo.

Merimée, peintre, secrétaire de l'école des beaux arts, et correspond. de la société d'agric. et de comm. de Caen, rue Neuve-Ste-Geneviève, n°. 25, à Paris.

Meritte-Lonchamp, chev. de St-Louis, de la légion d'honn., chef de bataill. dans la garde nat. de Caen.

Mery de Contades, le comte, à Paris.

Mesnil, Pierre, membre du collége électoral du Calvados; à Caen.

Mesrouze de Grandclos, Pierre-Alexandre, propriétaire à Fontenay-le-Pesnel, arrondissement de Caen.

Meunier, Claude, lieutenant-général des armées, chevalier de St-Louis, et command. de la lég. d'honneur.

Meunier, Etienne, membre de la légion d'honneur et adjudant de place au château de Caen.

Meurger fils, notaire à Alençon.

MICHAUD, membre de l'académie française et lecteur du Roi., rue Vildot, n°. 8, à Paris.

MICHAUD, L. G., imprimeur-libraire, rue des Bons-Enfans, n°. 34, à Paris.

MICHAUX, François-André, botaniste-voyageur, membre de la société d'agricult. de Paris, place St-Michel.

MIEL, membre de la société médicale, dentiste de la maison de St-Cyr, du 4e. dispensaire de Paris, etc., quai de l'Ecole, n°. 30, à Paris.

MILON, prof. de philos. à la faculté des lettres de Paris.

MIRBEL, membre de l'académie des sciences, rue du Cimetière St-André-des-Arcs, n°. 16, à Paris.

MIRON, homme de lettres à Paris.

MOISANT, de Caen, notaire à Paris et de LL. AA. RR. Monseigneur duc et Madame duchesse d'Angoulême, rue Ste-Marguerite. 3 médailles.

MOISANT, R. N. P. G., commissaire-priseur à Caen.

MOISSON le jeune, fils, Pierre, négociant à Caen.

MOISSON, curé de Chicheboville, arrondissement de Caen, correspondant de l'académie des sciences et de la société d'agriculture et de commerce de Caen.

MOISSON, Henri, ancien chef de bataillon de l'armée royale de Normandie, chef du bureau de la direction du canal de l'Ourcq et des eaux de Paris.

MOISSON, Félix, capitaine de frégate, membre de la légion d'honneur, rue du Grand-Chantier, à Paris.

MOLARD, Claude-Pierre, membre de la légion d'honneur et de l'académie des sciences, administrateur du conservatoire des arts et métiers et correspondant de la société d'agriculture et de commerce de Caen.

MOLÉ, le comte, pair de France, conseiller-d'état et directeur des ponts et chaussées.

MOLLEVAUT, C. L., membre de l'académie des inscriptions et belles-lettres et correspondant de l'académie de Caen, Boulevard Montmartre, n°. 14, à Paris.

MOLLIEN, J. J. F., membre du collège électoral et ancien sous-préfet de l'arrondiss. de Pont-l'Evêque.

MONACO, le prince de, duc de Valentinois, pair de France; rue de Bourbon, n°. 81, à Paris.

MONIN, professeur de mathématiques, rue Neuve St.-Augustin, n°. 28, à Paris.

MONAIN, Romain, docteur médecin, membre de la société d'instruction médicale de Paris.

Montamant, membre du conseil-général du départ. de la Seine, chev. de la légion d'honn. et trésorier de la société d'encouragement; rue de Ménars, n°. 14, à Paris.

Montamy, Charles-Louis Lecourtois de, membre du collége élect. de l'arrond. de Caen, et maire de Bény.

Montcanisy, Morin de, ancien colonel de cavalerie et membre du collége électoral du Calvados, maire de Grentheville, arrondissement de Caen.

Montchevrel, Oursin de, secrétaire des commandemens de Monsieur, membre du collége électoral du Calvados et de la société d'agriculture et de commerce de Caen; Boulevard St-Martin, n°. 9, à Paris.

Montfleury, P. P. de, chevalier de St-Louis, adjoint au maire de Caen, et membre de la société d'agriculture et de commerce de cette ville.

Montgaultier, madame de, née de Malherbe, à Caen.

Montgaultier, le chevalier de, ancien officier d'artillerie, officier supérieur des volontaires royaux du Calvados, chevalier de St-Louis, à Caen.

Montmarquais, de, magistrat, à Paris.

Montmorency, le prince de, à Paris.

Montmorency, le duc de, rue de l'Université, n°. 80, à Paris.

Montmorency, le baron de, à Paris.

Montpinson, de, à Vendeuvre, près St-Pierre-sur-Dives.

Monville, le baron de, pair de France.

Morainville, Chauffer de, Paul-Marie-Marguerite, directeur du télégraphe; à Pont-l'Evêque.

Morandière, Heurtaut, procur. du Roi à Mortain.

Morant, le marquis de, chevalier de St-Louis, correspondant de la société d'agriculture et de commerce de Caen, et membre du jury pastoral du Calvados; au Homme, commune de Varaville, arrondiss. de Caen.

Mordant-Delaunay, botaniste, à Paris.

Moreau, employé à l'Hôtel des Monnaies, à Paris.

Morel-de-Vindé, madame, rue Grange-Batellière, n°. 1, à Paris.

Morel-de-Vindé, pair de France, memb. de la société d'agriculture de Paris, correspondant de l'académie des sciences, et de la société d'agriculture et de commerce de Caen; à la Celle St-Cloud près Paris.

Morellet, André, l'un des 40 de l'académie française, rue d'Anjou-St-Honoré, n°. 27, à Paris.

Morgand, de, adjudant-major de la légion du Calvados.

Morlino, homme de lettres à Paris.

Motard, le baron de, Léonard-Bernard, contre-amiral de France, commandeur de la légion d'honneur, et chevalier de St-Louis; à Honfleur.

Mouillard le jeune, avocat à Pont-l'Evêque.

Mouroult, propriétaire à Lisieux.

Mouton-Liévin, Ignace, chanoine honoraire de Bayeux, et curé de la paroisse de Ste-Trinité, à Falaise.

Moysant, mad^e., Henriette, née Fossey, v^e. de M. Moysant, ancien profess. de rhétoriq. et bibliothéc. de l'Université de Caen, et membre des sociétés littéraires de cette ville.

Murat, le comte de, colonel de cavalerie, chevalier de l'ordre royal et militaire de St-Louis; à Epinai, arrondissement de Caen.

Musée, le, de la ville d'Avignon. 2 médailles.

Nacquart, lieutenant colonel d'artillerie, officier de de la légion d'honneur; à Orléans.

Narbonne, le comte Albéric de, rue de la Planche, à Paris.

Nasse Dubois père, ancien maire de Lisieux et memb. du collége élect. du Calvados; à Lisieux.

Nasse fils, Frédéric, négociant à Lisieux.

Nerval de Jean, lieuten. colonel de cavalerie, chev. de St-Louis et de la légion d'honneur, commandant l'école d'équitation de Caen.

Neufchateau, le comte François de, ancien procureur-gén. du Roi et son conseiller honoraire au conseil souverain de St-Domingue, memb. de l'acad. française et de la société d'agricult. de Paris, rue du faubourg Poissonnière, n°. 93, à Paris.

Nibelle, Edouard, avocat à Paris.

Nicolas, profess. de chimie à la faculté des sciences, memb. de l'acad. et de la société d'agricult. et de commerce de Caen, correspondant de l'académie des sciences de Paris.

Noel de Caen, principal clerc de M. Montand notaire, rue de Louis le Grand, n°. 7, à Paris.

Noel de la Morinière, correspondant de l'acad. des

sciences, d'agricult. et de comm. de Caen, place St-André-des-Arcs, n°. 26, à Paris.

NOAILLES, le comte de, à Paris.

NOURY, Jean, négociant, conseiller municip. et memb. de la société d'agriculture et de commerce de Caen.

NOURY l'aîné, de Caen, lieutenant au 5°. régiment de la garde royale.

NOURY le jeune, de Caen, agent de la marine, sous-chef du 5°. arrond. forestier, rue Neuve des Mathurins, n°. 45, à Paris.

NOVÉ JOSSERAND, Louis, profess. au collége de Caen.

OILLIAMSON, le comte de, lieuten.-général, command. de l'ordre royal et milit. de St-Louis, memb. du coll. élect. du Calvados; à Falaise.

OLIVIER, suppléant du juge de paix du 1er. arrondissement de Lisieux.

ORFORD, constructeur mécanicien à Rouen et membre de la société d'émulation de cette ville.

OSMONT, Auguste, ancien adjoint au maire de Caen.

OSSEVILLE, madᵉ la comtesse Louis d', née de Vendeuvre, à Caen.

OSSEVILLE, le comte Louis le Forestier de, chavalier de St-Jean de Jérusalem, aide-major de légion, memb. du conseil-général du Calvados; à Caen.

OSSEVILLE, le forestier, vicomte d', chev. de St-Louis, et membre du collége élect. du Calvados; à Caen.

OSSEVILLE, Théodore le Forestier d', receveur-gén. des finances et membre du collége élect. du département du Calvados; à Caen.

OURI, homme de lettres à Paris.

OYLY, Thomas d', écuyer, conseiller à l'université d'Oxfort et avocat à Londres.

PAYNEL, Robert-Alexandre, memb. du collége élect. du Calvados, et maire de Pontfol, arrondissement de Pont-l'Evêque.

PAISANT-DÉCOUTURE l'aîné, fabric. de dentelles, memb. du conseil municipal, de la chamb. consultative des manufact. et juge au tribunal de commerce de Caen.

PAISANT-DÉCOUTURE le jeune, fabric. de dentell. à Caen.

PAISANT DU LONPRÉ, memb. du collége élect. du Calvados; à Quétiéville, arrondissement de Lisieux.

PANCKOUCKE, imprimeur libraire, rue Serpente, n°. 16, à Paris.

PARFOURU, Abaquesné de, P.-F.-H., maître honoraire des réquêtes à la chambre des comptes de Rouen, membre du collége élect. du Calvados; à Yvetot près Valognes.
PARIS, capit. au corps du génie, au château de Caen.
PARIS-D'ILLINS, mad°, née Brillon, V°. de M. Paris, maréchal des camps et armées du Roi et chev. de St-Louis; au château de Villers-sur-Mer.
PARISON, homme de lettres, rue St-Germain-des-Prés, n°. 15, à Paris.
PARRAUD, homme de lettres, rue Guénegaud, à Paris.
PARSEVAL-GRANDMAISON, de l'académie française, rue Mondovi, n°. 4, à Paris.
PATARD, Charles-Henri, caissier du receveur des finances de l'arrond. de Cognac,
PATIN, docteur ès lettres, maître de conférence à l'école normale de Paris.
PATRY, Chrysostôme, vivant de son bien; à Villiers, arrondissement de Bayeux.
PATTU, ingénieur en chef des ponts et chaussées du Calvados, membre de l'académie et président de la société d'agricult. et de commerce de Caen.
PAUMIER, juge d'instruct. au tribunal civil de Lisieux.
PAVIE, Benjamin, manufacturier à Rouen, membre de l'acad. des sciences, de la société d'émulation et de celle de comm. et de l'industrie de cette ville.
PECHARDIÈRE, Bechet, recev. des Domaines, à Caen.
PELÉE DE VARENNES, ingénieur des ponts et chaussées, à Valognes.
PELLAPRA, mad°. Emilie, à Moulins. 2 médailles.
PELLAPRA, receveur-gén. des finances du départ. de l'Allier, à Moulins. 2 médailles.
PELLEGARS-COLVÉ, L. H. de, chevalier de St-Louis, maire de Pont-l'Evêque.
PELLETIER, J., pharmacien, docteur ès sciences et profess. adjoint à l'école de pharmacie, rue Jacob, à Paris.
PERCHERON, homme de loi, rue Grenelle St-Honoré, à Paris.
PERCIER, Charles, architecte, et membre de l'académie des beaux arts; au Louvre, à Paris.
PERCY, le baron, membre de l'académie des sciences, ancien chirurgien inspecteur-général des armées; rue des Trois Pavillons, n°. 10, à Paris.

PÉRIAUX, imprimeur du Roi, à Rouen, membre de l'académie des sciences, et de la société du commerce et de l'industrie de cette ville, correspondant de la société d'agriculture et de commerce de Caen.

PÉRIER, de l'acad. des sciences, rue Ste-Croix, à Paris.

PERINNE, 1er. commis du receveur-général des finances du département de l'Allier ; à Moulins.

PERROCHEL, le comte de, rue de l'Université, n°. 39, à Paris. 3 médailles.

PERSON, ancien commandant de l'école d'équitation de la ville de Caen.

PERTEVILLE, de la Roche, Jean-Joseph, membre du conseil-gén. et du coll. élect. du Calvados ; à Lisieux.

PESQUET aîné, Jean-Baptiste, membre du collége élect. du Calvados; à St-Loup-de-Fribois, arrond. de Lisieux.

PESSONNEAUX, vérificat. à l'administ. des droits réunis ; chev. de la lég. d'honn.; rue Ste-Anne, n°. 17, à Paris.

PETIT-DE-BEAUVERGER, le baron, Claude-Auguste, membre de la légion d'honneur, et de la société d'agriculture de Paris, rue Baillet, n°. 4, à Paris.

PETIT-DESFOSSÉS, ancien receveur des finances de l'arrondissement de Lisieux.

PETIT-THOUARS, Aubert du, directeur de la pépinière du Roule, membre de la société d'agriculture de Paris, et de la société philomatique ; faubourg du Roule, à Paris.

PETIVILLE, Courcelles-Tardif de, propriétaire à Villons, arrondissement de Caen.

PETIVILLE, Louis Tardif de, propriétaire à St-Germain de Talvende près de Vire.

PHILIPPE DANEZAN, Jean-Jérôme, propriétaire à Crépon, arrondissement de Bayeux.

PHILIPEAUX, officier payeur de la légion du Calvados.

PICARD, de l'académie française, rue de Condé, n°. 19, à Paris.

PICQUET, Alexandre, avocat-général à la Cour de Caen, et ancien memb. de la chambre des députés.

PIGACHE, Jean-Théodore, à Caen.

PIGEON DE ST-PAIR, procureur du Roi près le tribunal civil de Cherbourg.

PIHAN, agent en chef des convois militaires de la 14e. division, à Caen.

PILLET, homme de lettres, à Paris.
PINEL, médecin en chef de l'hôpital de la Salpêtrière et membre de l'académie des Sciences; rue des Postes, n°. 12, à Paris.
PION, écuyer, officier de la légion d'honneur, chev. de St-Louis, colonel du régiment d'artillerie à pied; à Metz.
PLAGNIOL, lieutenant colonel au corps du génie.
PLAINVILLE, Rosey de, memb. du coll. élect. du Calvados, à Plainville, arrondissement de Lisieux.
PLANCHE, pharmacien, membre de la société de médecine et médicale d'émulation de Paris.
PLANQUETTE, Pierre, recev. de l'oct. municip. de Caen.
PLUQUET, pharmacien à Bayeux.
POIGNANT, notaire royal à Caen.
POIGNANT, Paul, maire de Mouts, arrond. de Caen.
POINSOT, membre de l'académie des sciences, inspecteur des études à l'université, examinat. d'admission à l'école polytechnique, rue d'Artois, n°. 2, à Paris.
POISSON, Gabriel, adjoint à la mairie de Pont-l'Evêque et correspondant de la société d'agriculture et de commerce de Caen.
POISSON, notaire royal, île St-Louis à Paris.
POISSON, Félix, imprimeur-libraire à Caen.
POITRINEAU, ancien officier de cavalerie, rue des Fossés-Montmartre, à Paris.
POLIGNAC, le comte Charles de, maréchal de camp, commandant le dépt. de l'Eure et correspond. de la société d'agricult. et de comm. de Caen; à Evreux.
POLINIÈRE, Louis-Marie-Arsène de, chevalier de la légion d'honn. et lieutenant de gendarmerie à Caen.
POLINIÈRE, docteur en médecine, rue Montmartre, n°. 149, à Paris.
PONCET, négociant à Sédan.
PONTAVICE, C. du, ancien officier du régiment d'Angoulême, infanterie, et ancien page de S. A. R. *Monsieur*, comte d'Artois; à Caen.
PORTES, le marq. Adolphe de, M°. des requêtes, direct. de la dotation des invalides de la guerre, à Paris.
POSTEL, Auguste-Arsène-Lambert, avocat à Caen.
POTÉ, chirurgien aide-major dans la légion du Calvados.
POTEY, libraire, rue du Bac, n°. 46, à Paris.

Poubel, Jacques, à Caen, ancien juge-suppléant du tribunal de commerce de cette ville.

Pouettre, Casimir, ing^r. des ponts et chaussées à Vire.

Pouilly, avocat près la Cour royale, à Caen.

Poullain, Jean-Charles, chirurgien, membre du comité de vaccine du Calvados ; à Pont-l'Evêque.

Poupart, avocat à Pont-l'Evêque, membre du collége électoral du Calvados, et correspondant de l'académie de sciences, etc., de Caen.

Poupart, docteur en médecine à Pont-l'Evêque, médecin du Roi, attaché à la compagnie des cheveau-légers, de l'ancienne académie de médecine et correspondant de l'académie, etc., de Caen.

Poyféré de Céré, le baron, membre de la chambre des députés et de la société d'agriculture de Paris, rue Notre-Dame-des-Victoires, n°. 13, à Paris.

Préfeln, le baron de, procureur-général à la Cour, et membre de l'académie des sciences de Caen.

Prel, J. L., vérificateur de l'enregist. à Bayeux.

Prémord, Nicolas-Armand, membre du collége électoral du Calvados, à Honfleur.

Prétavoine, maire de la ville de Bernay.

Prony, de, membre de l'acad. des sciences et du conseil-gén. des ponts et chaussées, du bureau des longitudes, examinateur des élèves de l'école polytechnique, hôtel Carnavalet, rue Culture-Ste-Catherine, n°. 27, à Paris.

Prudhomme, R. S., professeur de mathématiques à l'école de navigation de Caen, membre de l'académie des sciences et vice-secrétaire de la société d'agriculture et de commerce de cette ville.

Puissant, Antonin, commissaire des guerres adjoint, à Alençon.

Puymaurin, le baron de, directeur de la monnaie des médailles, membre de la chambre des députés et de la société d'agr. de Paris, rue de la Michaudière.

P. Pyron, de Caen, ancien intendant des domaines de *Monsieur*, rue Basse du Rempart, n°. 40, à Paris.

Quênon, professeur d'humanités au collége de Louis-le-Grand, à Paris.

Querrière, Eustache de la, négociant à Rouen.

Quéru, avocat, ancien substitut du procureur du Roi, à Bayeux.

Quesnel, directeur des messageries, à Caen.
Quetteville, Dufour de, chev. de St-Louis, commandant de la garde nat. de l'arrondiss. de Pont-l'Evêque, memb. du et collége électoral du conseil-gén. du Calvados; à Quetteville.
Quetteville, Clément de, propriétaire à Jersey.
Queudeville, Jean-Pierre, fils, architecte, à Caen.
Rabaut, membre de la société académique des sciences de Paris et de la société d'émulation de Cambrai.
Radet, homme de lettres, rue de l'Univ., n°. 9, à Paris.
Raisin, médecin, professeur à l'école de médecine et membre de la société de médecine de Caen.
Rambourg, maît. de forges et memb. de la soc. d'encour. pour l'indust. nationale; à Cerilly, dépt. de l'Allier.
Ramond, le baron de, de l'académie des sciences; rue Neuve des Mathurins, n°. 6, à Paris.
Ranque, médecin à Orléans et membre de la société des sciences physiques et médicales de cette ville.
Raoul-Rochette, de l'académie des inscriptions et belles-lettres et de la société philotechnique; à Paris.
Raré, manufacturier à Vire.
Ravel, mad°. Emilie, née Massieu, rue Chanteréyne, n°. 32, à Paris.
Regnault, Pierre, cultivateur et membre du collége électoral du Calvados, à Trévières.
Rémont, libraire, rue Pavée, n°. 11, à Paris.
Renauldin, médecin du 1er. dispensaire de Paris, rue de la Michaudière, n°. 12.
Renault, greffier en chef du trib. de 1re. inst., à Caen.
Renaut, libraire à Rouen.
Renouard, Antoine-Augustin, libraire, rue St-André-des-Arcs, n°. 55, à Paris. (1)
Renouf, Jean-Pierre, juge de paix du canton d'Evrecy, arrondissement de Caen; à Maltot.
Rey, chef du bureau des retraites à l'administration des impositions indirectes, à Paris.
Rhullière, Siméon-Louis de, sous-préfet de l'arrondissement de Falaise, chevalier de la légion d'honneur,

---

(1) On trouve chez MM. Renouard et Besnard, les médailles que fait frapper la société de la galerie métallique en l'honneur des grands hommes français. Chaque médaille coûte 5 fr. sans anneau.

correspond. de la société d'agric. et de comm. de Caen.
RIBARD, prêtre et censeur des études au collége de Caen.
RICARD, inspect. des eaux et forêts à Rouen, membre de l'académie des sciences, etc. de cette ville.
RICCÉ, le comte de, préfet du département de l'Orne, à Alençon. 3 médailles.
RICHARD-LENOIR-DU-FRÊNE, manufacturier, correspond. de la société d'agricult. et de comm. de Caen; à Bon Secours, rue de Charonne, à Paris. 4 médailles.
RICHARDOT, officier de la légion d'hon., capit. au corps de l'artillerie, régiment à pied de Metz.
RIQUIER, négociant et membre du collége élect. du Calvados, à Lisieux.
RIGAUD DE LA SABLIÈRE, inspecteur des douanes, à Granville.
RIGAUD-ROCHEFORT, secrétaire des command. de mad^e. la duch. d'Orléans douairière, rue de M. le Prince, n°. 4, à Paris.
RIOLLET, Antoine phil., ancien notaire, rue des Ecouffes, n°. 22, à Paris.
RIOULT DE COURTONNE, Jacques-Etienne, membre du coll. élect. du Calvados et du conseil d'arrondissem. de Lisieux; à Lisieux.
RIOULT DE NEUVILLE, chev. de St-Louis, memb. de la légion d'honneur et du collége élect. du Calvados; à Livarot.
RIVIÈRE, avoué près le tribunal de l'arrondissement de Falaise.
ROARD, S. L., ancien directeur des teintures des manufact. royales, memb. de la société d'encouragement pour l'industrie nationale et de la société d'agriculture et de commerce de Caen; à Paris.
ROBERT, capitaine au corps de l'artillerie, attaché à l'état-major de l'école d'artill. et du génie, à Metz.
ROBILLARD, Jean-Marie de, sous-préfet, à Rédon.
ROBILLARD, J. B., receveur de l'enregistrement à Vire.
ROCHE, madame, rue Plâtrière, n°. 16, à Paris.
RODIER, chef de bureau au ministère des finances, à Paris.
RŒDERER, ancien memb. de l'acad. française, de la société d'agricult. et de comm. de Caen; à Paris.
ROGER, Victor, négociant et membre du collége élect. du Calvados; à Vire.

Rohan, le duc de, 1er. gentilhomme de la chambre du Roi, à Paris.
Roland, Joachim, contrôleur de la poste-aux-lettres, à Caen. 2 médailles.
Rollin, Martin, pasteur de l'église réformée de Caen, président du consistoire du Calvados et de l'Orne.
Romagnie, capitaine au corps de l'artillerie, aide de camp de M. le maréchal de camp baron Berge, commandant l'école d'artill. et du génie, à Metz.
Rossel, le chevalier de, ancien capitaine de vaisseau, memb. de l'acad. des sciences et du bureau des longitudes, rue Louis le Grand, n°. 21, à Paris.
Rosière, Got de la, chev. de St-Louis et maire d'Airan.
Rostang, de, capit. d'habill. dans la légion du Calvados.
Rouget, maréchal-de-camp commandant le départ. de Lot et Garonne ; à Cahors.
Roulé, Cureau de, maire du Mesnil-St-Denis, et conseiller de préfect. du départ. de Seine et Oise.
Rousseau, capitaine dans la légion du Calvados.
Rousseau de Bagneux, direct. des postes, à Rennes.
Roussille de Chamseru, Jean-François, médecin des camps et armées du Roi, à Paris.
Routier, docteur en chirurgie, à Amiens.
Rugy, Goullet de, colonel d'artillerie, chevalier de St-Louis, et correspondant de la société d'agricult. et de commerce de Caen ; à Metz.
Rullié, François, horloger, à Caen.
Sabonadière, ministre de l'église protestante, et correspond. de l'acad. des sciences de Caen, à Guernesey.
Saffray, de, juge de paix du canton de Trévières et membre du collége électoral du Calvados ; à Engranville, arrondissement de Bayeux.
Saffray, Jean-Baptiste-Charles, avocat à Caen.
Sageret, de la société d'agriculture de Paris ; à Paris.
Saint, Daniel, peintre du Roi et membre de la lég. d'honn., rue Neuve-du-Luxembourg, n°. 4, à Paris.
St-Agnan, le marq. Alexandre de la Fresnaye, chev. de St-Louis, ancien capitaine de vaisseau ; à St-Agnan, arrondissement de Caen.
St-Amant, le Masson de, ancien préfet du département de l'Eure ; à Paris. 2 médailles.
St-Clou, membre de la légion d'honneur et du collége

électoral du Calvados, rue de Cléry, n°. 15, à Paris.

St-Jore, Charles, fabric. de dentelles et agent commercial des Etats-Unis d'Amérique; à Caen. 2 médailles.

St-Julien, de, officier au corps du génie, maréchal de camp et chev. de St-Louis; à Ver, arr. de Bayeux.

St-Léonard, le marquis Vallois de, membre du collége électoral du Calvados; à Falaise.

St-Louet, Mm°. de, née Lecloutier de Tracy; à Caen.

St.-Luc, le comte de, préfet du département des Côtes-du-Nord, à St-Brieux.

St-Marc, Mm°. Colin de, rue Neuve-St-Roch, n°. 25, à Paris.

St-Mars, de, secrétaire d'ambassade au Brésil.

St-Martin, le comte de, membre de la société d'agriculture de Paris; à Paris.

St-Martin, Bourlier de, contrôleur en chef de l'octroi de la ville de Caen.

St-Ouen, Vasse de, inspecteur de l'acad. de Bourges.

St-Pierre, Marc de, chef de cohorte de la garde nationale de Vire, membre du conseil-général du Calvados; au château du Fresne près Villers-Bocage.

St Simon, le vicomte de, chev. de St-Louis, officier de la lég. d'honn., command. le dépt. du Loiret; à Orléans.

St-Thomas, Delauney de, chev. de St-Louis, à St-Lo.

St-Vincent, Robert de, conseiller à la Cour de cassation, rue du Colombier, n°. 3, à Paris.

Ste-Marie, le Moine de, chev. de St-Louis, membre du collége électoral du Calvados, et maire d'Allemagne près Caen.

Salgues, homme de lettres, rue de Monsieur, n°. 8, à Paris.

Salverte, Eusèbe, jurisconsulte à Genève.

Sanson, secrétaire de la sous-préfecture de Bayeux.

Sarrazin, Georges-François, membre du collége électoral du Calvados; à Lingèvres, arrond. de Bayeux.

Sauvau, homme de lettres, à Paris.

Savoye-Rollin, de la chambre des députés, rue Cammartin, n°. 31, à Paris.

Scelles, docteur en médecine, chev. de l'ordre du Roi, command. le 2°. bataillon de la garde nat. de Caen.

Ségaux, sous-chef au ministère de la guerre, rue de l'Abbaye, n°. 11, à Paris.

Séguier, pair de France, conseiller-d'état, 1er. président de la Cour, et présid. de la société d'agricult. de Paris, rue Pavée St-André-des-Arcs, n°. 18.

Séguin, Richard, marchand à Vire.

Ségur, le comte de, de l'académie française; rue des Saussayes, n°. 13, à Paris.

Sehuine, de, ancien conseiller au parlement de Paris; rue de Bourbon, à Paris.

Seigneury, J. R. T., conseiller audit. à la Cour de Caen.

Senot, de, né à Caen et domicilié à Paris. 4 médailles.

Sicard, l'abbé, chanoine de l'église de Paris, directeur de l'institut des sourds et muets, membre des hospices de bienfaisance et de l'académie française, rue du faubourg St-Jacques, à Paris.

Signard, d'Ouffières, colonel, chef d'état-major des gardes nationales, membre du collége électoral et du conseil-gén. du Calvados, du conseil municip. et de la société d'agriculture et de commerce de Caen.

Signard, Frédéric, membre de la société d'agriculture et de commerce, du collége électoral et du conseil d'arrondissement de Caen.

Silvestre, de l'acad. des sciences, secrét. de la société d'agricult. de Paris, et corresp. de la société d'agricult. et de comm. de Caen, rue de Seine, n°. 12, à Paris.

Silvestre de Sacy, le baron, de l'académie des scienc., professeur de langue arabe à la bibliothèque du Roi, rue Haute-Feuille, n°. 9, à Paris.

Silvestre, libraire, rue des Bons-Enfans, n°. 30, à Paris.

Simon, Jacques-Laurent-Nicolas, avocat, membre de l'académie et de la société d'agriculture et de commerce de Caen.

Simon, André, maire de Mondrainville, près Caen.

Simon, médecin à Lisieux.

Simon, chef de l'école des langues orientales, docteur en droit, correspondant de la société d'agriculture et de commerce de Caen; au collége Louis-le-Grand, à Paris.

Sinclair, John, membre du parlement d'Angleterre et ancien président du bureau d'agriculture de Londres.

Société (la) d'agriculture et de commerce de Caen. 2 médailles, l'une en bronze, l'autre en bronze doré.

—— d'agriculture, sciences et arts du dépt. de l'Eure.

Société de médec., chirurg. et pharm., du dépt. de l'Eure.
—— d'émulation de la ville de Rouen.
—— d'encouragement pour l'industrie nat., à Paris.
—— médicale d'émulation de Paris.
—— philomatique, à Paris.
—— philosophique, à Philadelphie.
—— philotechnique, à Paris.
—— royale et centrale d'agriculture de Paris.

Solvet, libraire, rue des Noyers, n°. 43, à Paris.

Sommariva, chevalier, propriétaire italien, rue Basse-du-Rempart, n°. 4, à Paris. Médaille dorée.

Sosson-Duvernier, proprétaire à Caen.

Soullié, prof. au collége de Strasbourg et associé de l'académie des sciences, etc. de Caen.

Souville, le baron Genton de, major d'infanterie, chevalier des ordres de St-Louis et du Croissant, membre du collége électoral du Calvados, à Caen.

Suard, secrétaire perpétuel de l'académie française, place Louis XV, n°. 13, à Paris.

Sudour, capitaine du génie, chevalier de la légion d'honneur; à Orléans.

Suribay, Jacques-Simon, méd. des épidém. de l'arrond. du Havre et de la manufact. de tabac de la ville du Havre, correspondant de la société d'agriculture et de commerce de Caen.

Surosne, Alexandre, receveur principal des contributions indirectes de Caen.

Tabari, entreposeur des tabacs, à Lisieux.

Taillefer, Jean-Baptiste-Auguste, pharmacien à Pont-l'Evêque.

Taillefer, L. G., proviseur du collége de Louis le Grand, membre de la société philotech. et corresp. de l'acad. et de la société d'agricult. et de commerce de Caen.

Taillefer, médecin des hôpitaux de la marine, à Brest.

Talma, sociétaire du théâtre français, rue de Seine, faubourg St-Germain, n°. 6, à Paris.

Tarbé, inspect.-gén. des ponts et chaussées, memb. de la société d'encourag. pour l'indust. nationale et correspond. de la société d'agricult. et de commerce de Caen, rue du Grand-Chantier, n°. 10, à Paris.

Tardif, A. M., de la maison Tardif et sœurs, fabricant à Bayeux.

Termellier, le chev. le , lieut.-colonel des chasseurs des Alpes, chev. de St-Louis et de la lég. d'honneur.

Ternaux aîné, officier de la légion d'honneur, memb. de la société d'encourag. pour l'industrie nation., colonel de la 3e. légion de la garde nationale de Paris.

Tessier, membre de la légion d'honneur, de l'académie royale des sciences, de la société d'agricult. de Paris, inspect.-gén. des bergeries royales, et correspond. de la société d'agricult. et de comm. de Caen, rue des Petits Augustins, n°. 26, à Paris.

Than, le chevalier Morel de, capitaine de vaisseau, chevalier de Malte, de St-Louis et membre du collége électoral du Calvados.

Thénard, Louis-Jacques, de l'académie des sciences, profess. de chimie au coll. de France et à l'école polytechnique, corresp. de la société d'agriculture de Caen, rue de Grenelle St-Germain, n°. 42, à Paris.

Thierry père, J.-P.-F., membre du coll. élect. et du jury médical du Calvados, du conseil municipal de Caen, de l'acad. et société d'agricult. et de comm. et de la chambre consultative des manuf. de cette ville.

Thierry, Pierre-Boniface, pharmacien, professeur de chimie à l'acad. de Caen, membre de l'académie et société d'agriculture et de commerce de cette ville.

Thierry, Luc, juge auditeur au tribunal civil de Bayeux.

Thieullen, ancien sous-préfet de l'arrond. de Caen, et correspond. de la société d'agricult. et de comm. de cette ville, rue des Francs Bourgeois, à Paris.

Tilorier, le chevalier Justin de, lieutenant-colonel de la légion de la Seine, chevalier de St-Louis et officier de la légion d'honneur.

Thomine-Desmasures, président du tribunal de 1re. instance de l'arrond. de Caen et professeur en droit à l'académie de cette ville.

Thouin, André, de l'académie des sciences, profess. et administ. au jardin du Roi, correspond. de la société d'agricult et de commerce de Caen.

Tilly, Adjutor de, maire de Villy-Bocage, membre du collége élect. du Calvados, du conseil d'arrond. et de la société d'agriculture et de commerce de Caen. 2 médailles.

Tirel père, Jean-Baptiste, fabricant de drap à Blon, près de Vire.

Tonnoy, G. de, chef d'escadron de gendarmerie, à Caen.

Tontuit, Néel de, du collége électoral du Calvados, et de la société d'agriculture et de commerce de Caen, à Mondeville.

Touaillon fils, négociant à Provins.

Touchet, le chevalier de, Gabriël, ancien officier au régiment de la Couronne et capitaine des gardes du Roi ; à Hérouville, près Caen.

Tourny, Jean-Paul, avocat et administrateur de l'hospice, à Pont-l'Evêque.

Toustain-Richebourg, le vicomte de, colonel, chev. de St-Louis et memb. de plusieurs sociétés littér. ; à St-Martin-du-Manoir, près de Montivilliers.

Tracy, le comte Destude de, pair de France, memb. de l'académie des inscriptions et belles-lettres ; rue d'Anjou St-Honoré, n°. 42, à Paris.

Tragin fils, avocat près la Cour royale, à Caen.

Traulé, procureur du Roi près le tribunal de l'arrondissement d'Abbeville.

Trébutien, substitut du procureur du Roi près le tribunal de première instance de la ville de Caen.

Tréneuil, conservateur de la bibliothèque de l'arsenal et chevalier de la légion d'honneur, à Paris.

Tréprel, de, capitaine dans la légion du Calvados et membre de la légion d'honneur.

Troisœufs, Antoine-Ambroise, ancien magistrat ; place St-Germain-l'Auxerois, n°. 37, à Paris.

Troisœufs fils, à Paris.

Trolley, Louis-Richard, avocat-gén. à la Cour de Caen.

Trouvé, docteur en médecine de la faculté de Paris, membre de l'académie, etc. de Caen ; à Caen.

Tullou, Pierre-François-Edouard, avocat à Pont-l'Evêque.

Turgot, le marquis de, chevalier de St-Louis et membre du collége électoral du Calvados, rue St-Lazare, n°. 58, à Paris.

Turpetin, secrétaire de M. Decrès, receveur-général du département de l'Orne, à Alençon.

Turpin, peintre naturaliste et correspondant de l'académie etc., de Caen, rue de l'Estrapade, à Paris.

VALANCOURT, Arsène, avoué à Pont-l'Evêque.
VALESCA, Madame la comtesse, à Paris.
VALHEBERT, Porée de, membre du collége électoral du Calvados et maire du Quesnay-Guesnon, arrondissement de Bayeux.
VAN-DANZENDE, sous-chef de division à la direction générale des douanes, à Paris.
VANEMBRAS, Aimé de, colonel de la garde nationale de Falaise, chev. de St-Louis et memb. du collége élect. du Calvad.; à St-Vigor-de-Mieux près Falaise.
VAN-PRAET, conservateur des livres imprimés de la bibliothèque du Roi, à Paris.
VANSSEY, le baron de, préfet de la Manche, à St-Lo.
VARDON, de Caen, rue Montholon, n°. 16, faubourg Poissonnière, à Paris.
VARVILLE, Chamillard de, chevalier de St-Louis, membre du collége et du conseil d'arrondissement de Caen et maire d'Amayé-sur-Seulles.
VASSY, le comte Louis de, maréchal de camp, inspecteur des gardes nationales du Calvados, et membre du conseil municipal de Caen.
VAUBADON, Letellier de, capitaine de cavalerie, chevalier de St-Louis et membre du collége électoral du Calvados; à Cérisy-la-Forêt, dépt. de la Manche.
VAUBLANC, le comte de, ministre d'état, à Paris.
VAULTIER, Frédéric, professeur de réthorique au collége de Caen.
VAUQUELIN-DESCHÊNES, le baron de, maire d'Ally près Falaise.
VAUQUELIN, le chev. de, maire de Sacy près Falaise.
VAUQUELIN, F. C., substitut du procureur du Roi, à Pont-l'Evêque.
VAUQUELIN, Nicolas, de l'acad. des sciences et prof. de chimie au muséum d'histoire naturelle de Paris, correspondant de l'académie et de la société d'agriculture et de commerce de Caen; au jardin du Roi.
VAUTIER, Urbain, négociant, ancien juge-consul au tribunal de commerce et membre de la société d'agriculture et de commerce de Caen.
VAUTIER, Hyppolite, docteur en médecine et professeur-adjoint à l'école de médecine de Caen.
VAUTIER, Victor, officier dans la garde nat. de Bayeux.

Vautier, notaire royal à Nogent-sur-Seine.

Vendes, de, memb. du collége élect. du Calvados, chev. de la légion d'honneur, à Monts, arrond. de Caen.

Vendeuvre, Madame de, née de Vitray, à Caen.

Vendeuvre, Auguste de, maire de Caen et membre de la société d'agricult. et de comm. de cette ville.

Vendeuvre, Léforestier comte de, écuyer, membre de la légion d'honneur et du collége électoral du Calvados, ancien maire de la ville de Caen.

Verdier, correspondant de l'académie des inscriptions et belles-lettres, à Paris.

Verel, membre du conseil municipal et receveur du bureau de bienfaisance de Mondeville près Caen.

Verneur, chef du secrétariat de la préfecture du département de la Seine, rue Montesquieu, à Paris.

Vernier, artiste de l'académie de musique; à Paris.

Verrier, procureur du Roi près le tribunal de l'arrondissement de Bayeux.

Verrier, Bernard-François, commerçant à Caen.

Vesque, ancien notaire; à St-Lo.

Viardot, René, négociant, à Metz.

Vibert, membre du coll. élect. de l'arr. de Coutances.

Vieillard, P. A., homme de lettres, auteur de *Malherbe*, Vaudeville; rue Jacob, n°. 11, à Paris.

Viel, Charles, ancien docteur en théologie, professeur de philosophie au collége de Caen.

Vien, madame, rue Bellechasse, à Paris.

Vigée, chevalier de la légion d'honneur et lecteur du Roi; rue Neuve des Petits-Champs, à Paris.

Villar, de l'acad. des inscript. et belles-lettres; à Paris.

Villarsy, de, membre du collége électoral du département de la Marne, correspondant de la société d'agricult. de Paris, rue de Chaillot, n°. 99, à Paris.

Villaunay, le chevalier Adrien Rioult de, membre de la légion d'honneur et du coll. élect. du Calvados, colonel de la garde nation. et memb. du conseil municipal de Caen.

Ville de Caen, (la).

Villenave, Mathieu-Guillaume-Thérèse, de la société philotechn., rue de Vaugirard, n°. 84, à Paris.

Villey, de Caen, pharmacien, rue Neuve Ste. Catherine, n°. 11, à Paris.

Villiers, Michel-Jean de Gland de, maire de Villiers-

le-Sec, membre du collége électoral du Calvados.
VILMORIN, pépiniériste, md. grainier, membre de la société d'agriculture de Paris, quai de la Mégisserie, à Paris.
VINCENS ST., Laurent, du coll. élect. du Gard, corresp. de l'institut de France et de la société d'agricult. de Paris, rue Cadet, n°. 9, à Paris.
VITALIS, docteur ès sciences, profess. de chimie et secrétaire de l'acad. de Rouen, correspond. de l'acad. et de la société d'agriculture et de commerce de Caen.
VITRAY, Valentin de, chevalier de St-Louis, memb. du coll. élect. du Calvados et ancien capitaine de cavalerie; à Manneville près de Caen.
WALCKENAER, de la légion d'honneur et de l'académie des inscript. et belles-lettres, secrétaire-général de la préfect. du dépt. de la Seine, à Paris
WARNET, adjudant-major de la légion du Calvados.
WEATHCROFT, John, membre de l'académie et de la société d'agriculture et de commerce de Caen.
WILLIAMS, madame, à Paris.
WIMPFFEN, Félix, memb. du conseil munic. de Bayeux.
YVART, Victor, professeur d'économie rurale à l'école d'Alfort, membre de l'acad. des sciences et de la société d'agriculture de Paris.
YVER, anc. membre de la chambre des députés; à St-Lo.

ACADÉMIE DE CALCUTTA, par M. Mourouard.
AGIER, d', commandant de l'île Tathiou.
BAZIN, Pierre, courtier de commerce, à Caen.
BERCEAU, Charles, sous-chef de la 2e. division des bureaux de la préfecture du Calvados, à Caen.
BOYER, maire de St-Vaast, dépt. de la Manche.
CHANVALLON-NÉVILLE, propriétaire à Carentan.
CORNEILLE, Vallée, procureur du Roi près le tribunal d'arrondissement de Pont-l'Evêque.
DELAUNEY, élève du collége de Bayeux.
DUBUC, avoué à Pont-l'Evêque.
DUBUISSON, Paul, surnuméraire des contributions directes, à Caen.
ENOUF, propriétaire à Carentan.

FITZ-GERALD, mademoiselle Sarah, à Caen.
FITZ-GERALD, Thomas, à Caen.
GOURNAY, François-Amand, avocat à Caen.
GUÉRIN-DÉTOQUIGNY, commandant la 14e. division militaire, chevalier de St-Louis et commandant de la légion d'honneur; à Caen.
HAREL, mad^e., veuve, propriétaire de la maison de Malherbe, à Caen (1).
HÉBERT, Théodore, pharmacien et maire du bourg de Dozulé, arrondissement de Pont-l'Evêque.
HENRIOT aîné, F., à Reims.
HIÉVILLE, d', maire d'Hiéville près Carentan.
ISABEL-DESPARCS, avocat à Pont-l'Evêque.
JOYAU, Louis, maire de Liffard, arrond. de Falaise.
LA GROUDIÈRE, propriétaire au Désert près St-Lo.
LE FÊVRE, Victor, avocat à Caen.
LETERTRE, J. B., ingénieur au corps des ponts et chaussées, à St-Lo.
LECAVELIER, Nicolas, pour deux dames anglaises.
LE CORNU, B. J. F., avoué près la Cour royale, à Caen.
MALHERBE, le chev. Gatimot de ; à Caen. 2 médailles.
MARIE, chevalier de St-Louis, capitaine commandant la gendarmerie du Calvados, à Caen.
MIRLEAU, Madame la comtesse de Jupeaux, arrière-petite-fille du grand Racine ; à Caen.
MONTLIVAUT, le comte de, conseiller-d'état, préfet du département du Calvados.
REYNELL, Madame de, née Montgommery ; à Caen.

FIN DE LA Ire. LISTE.

---

(1) A la façade de cette maison, l'académie de Caen a fait placer sur une table de marbre l'inscription suivante, en lettres d'or :

ICI NAQUIT MALHERBE

en 1555.

Nous venons d'acquitter la dette de la reconnaissance envers nos souscripteurs, en publiant les noms de tant de personnes recommandables qui ont bien voulu se joindre à nous pour honorer la mémoire du père de la poésie française. Qu'il nous soit permis de citer ici quelques strophes choisies dans ses œuvres qui serviront à prouver combien ce grand poëte est digne de nos hommages, quand sur-tout on se rappelle qu'elles ont été composées il y a plus de deux siècles. Forcé de nous borner à ce petit nombre de citations, nous renvoyons à la lecture des Poésies de Malherbe, dont nous indiquerons les éditions les plus connues.

CONSOLATION A M. DU PERRIER

Sur la mort prématurée de sa fille. 1599.

Ta douleur, du Perrier, sera donc éternelle ?
    Et les tristes discours
Que te met en l'esprit l'amitié paternelle
    L'augmenteront toujours.
Le malheur de ta fille, au tombeau descendue
    Par un commun trépas,
Est-ce quelque dédale où ta raison perdue
    Ne se retrouve pas ?
Je sais de quels appas son enfance étoit pleine;

Mais elle étoit du monde où les plus belles choses
    Ont le pire destin ;
Et rose elle a vécu, ce que vivent les roses,
    L'espace d'un matin.

La mort a des rigueurs à nulle autre pareilles :

Le pauvre en sa cabane où le chaume le couvre
    Est sujet à ses lois ;
Et la garde qui veille aux barrières du Louvre
    N'en défend pas nos Rois.

STANCES.

PARAPHRASE D'UNE PARTIE DU PSEAUME CXLV.

N'espérons plus, mon âme, aux promesses du monde;
Sa lumière est un verre et sa faveur une onde
Que toujours quelque vent empêche de calmer.
Quittons ces vanités, lassons-nous de les suivre;
  C'est Dieu qui nous fait vivre,
  C'est Dieu qu'il faut aimer.

Envain, pour satisfaire à nos lâches envies,
Nous passons près des rois tout le temps de nos vies
A souffrir des mépris et ployer les genoux :
Ce qu'ils peuvent n'est rien ; ils sont comme nous sommes,
  Véritablement hommes
  Et meurent comme nous.

Ont-ils rendu l'esprit, ce n'est plus que poussière
Que cette majesté si pompeuse et si fière,
Dont l'éclat orgueilleux étonnoit l'univers ;
Et dans ces grands tombeaux où leurs âmes hautaines,
  Font encore les vaines,
  Ils sont rongés des vers.

Là se perdent ces noms de maîtres de la terre,
D'arbitres de la paix, de foudres de la guerre ;
Comme ils n'ont plus de sceptre, ils n'ont plus de flatteurs ;
Et tombent avec eux d'une chûte commune
  Tous ceux que leur fortune
  Faisoit leurs serviteurs.

NOTE

Sur les principales éditions des Poésies de MALHERBE.

MALHERBE n'a jamais publié lui-même la collection de ses poésies. Elles n'ont été recueillies que deux ans après sa mort, arrivée en 1628. Nous en indiquerons ici les éditions les plus connues :

1°. Poésies de Malherbe, avec des notes, par Ménage; volume in-8°., imprimé à Paris en 1666.

2°. Œuvres de François de Malherbe, avec les observations de Ménage et les remarques de Chevreau; 3 vol. in-12, Paris 1722 et 1723.

3°. Œuvres de Malherbe d'après l'ordre chronologique, avec un discours *sur les obligations que la langue et la poésie françaises ont à Malherbe*, et des remarques historiques et critiques, par St-Marc, vol. in-8°., à Paris chez Barbou, 1757; belle édition, ornée du portrait de Malherbe. C'est une idée heureuse d'avoir rangé les pièces suivant l'ordre et le temps où elles ont été composées : le lecteur apercevra facilement l'influence de l'homme de génie sur les progrès d'une langue.

4°. Poésies de Malherbe, avec la vie de l'auteur et de courtes notes, par Meûnier de Querlon, petit in-8°.; à Paris, chez Barbou, 1764. Dans cette jolie édition, M. Meûnier a suivi le texte de St-Marc, et ajouté à ce texte une lettre de Malherbe à Louis XIII. Mais il a supprimé la vie du poëte par Racan; le discours sur les obligations que la langue et la poésie ont à Malherbe, ainsi que les notes un peu prolixes de l'édition de 1757.

5°. Barbou donna en 1776 une seconde édition de ce volume, qui n'est pas inférieure en beauté à la première.

6°. Poésies de Malherbe, édition de Cazin, petit in-18.

7°. Poésies de Malherbe, avec une notice sur sa vie et ses ouvrages, vol. in-18°., édition stéréotype de l'imprimerie de P. Didot, l'aîné, an VIII, (1800).

8°. Poésies de Malherbe, grand in-4°., papier vélin. Paris, an V, (1797.) Cette édition donnée aussi par Didot, n'a été tirée qu'à 250 exemplaires ; elle fait suite à la collection du Dauphin.

9°. Le même imprimeur a publié en 1815, les poésies de Malherbe, format in-8°. Ces deux dernières éditions se font remarquer par la beauté des caractères, comme tous les ouvrages qui sortent des presses de Didot.

10°. Choix des poésies de Malherbe, avec son éloge et des remarques, par M. Julien Letertre, vol. in-18. A Caen, chez Poisson, 1815. M. Letertre a dédié ce recueil intéressant à l'académie de Caen, dont il est un des membres les plus distingués.

M. Ginguené, que la mort vient d'enlever aux lettres, préparait une édition des poésies de Malherbe. Nous avons vu dans sa bibliothèque un exemplaire de Barbou, rempli de notes marginales de sa main. Puisse paraître bientôt cette édition enrichie d'observations précieuses ! Ce sera un nouvel hommage rendu à la mémoire de Malherbe.

www.ingramcontent.com/pod-product-compliance
Lightning Source LLC
LaVergne TN
LVHW021008090426
835512LV00009B/2144